臺灣歷史與文化 研究輯刊

初 編

第 23 冊

臺灣六十甲子聖母詩籤研究

陳錦雲 著

花木蘭文化出版社

國家圖書館出版品預行編目資料

臺灣六十甲子聖母詩籤研究／陳錦雲 著－－初版－新北市：
花木蘭文化出版社，2013〔民102〕
序2+ 目2+178 面；19×26 公分
（臺灣歷史與文化研究輯刊 初編：第23 冊）
ISBN：978-986-322-276-7（精裝）
1. 籤詩
733.08   102002953

ISBN-978-986-322-276-7

臺灣歷史與文化研究輯刊
初　編　第二三冊   ISBN：978-986-322-276-7

臺灣六十甲子聖母詩籤研究

作　　者　陳錦雲
總 編 輯　杜潔祥
出　　版　花木蘭文化出版社
發 行 所　花木蘭文化出版社
發 行 人　高小娟
聯絡地址　235 新北市中和區中安街七二號十三樓
　　　　　電話：02-2923-1455／傳真：02-2923-1452
網　　址　http://www.huamulan.tw 信箱 sut81518@gmail.com
印　　刷　普羅文化出版廣告事業
初　　版　2013 年 3 月
定　　價　初編　30 冊（精裝）新臺幣 60,000 元

臺灣六十甲子聖母詩籤研究

陳錦雲　著

作者簡介

陳錦雲，出生於台灣省宜蘭縣。

私立中國文化大學——中國文學研究所畢業。

曾任：新竹市生命線學會——刊物總編輯

　　　新竹市基督教女青年會——刊物採訪主筆

　　　創見作文研習班——寫作指導老師

　　　新竹市東區長青學苑——國語班老師

　　　天下電子公司——財務部會計課長。

現任：新竹市光復高中——班導師。

興趣：沉思、寫作、散步、游泳、旅遊。

　　我從小就是個好奇寶寶，而且一生中最大的嗜好不只讀書而且讀人、讀事、讀物。也因為如此，我曾經有一段好長的歲月，投入社會服務，這樣讓我更有機會直接的接觸人，就是這樣一顆易感的心，滋養我從事創作。

提　　要

　　本論文研究前題

　　《六十甲子聖母詩籤》其安撫人心方式在於文字通俗易懂，容易讓信眾接受，可以媲美西方的心理諮商，給信眾提供一種民俗療法，而且問事程序簡單，求問者可以享受經濟實惠的利益和盡到求問保密原則，因此其流通方式奠基於廟宇的固定場所，進出方便、安全，解答取得容易，形成地方廟宇文化的特色。

　　本論文研究內容

　　第一章　緒論。第二章　詩籤的種類、流傳與作者。第三章　六十甲子聖母詩籤的結構。第四章　六十甲子聖母詩籤的故事。第五章　六十甲子聖母詩籤的譬喻。第六章　解籤的中庸原則和社會功能。第七章　結論。

　　本論文研究成果

一、蒐集桃、竹、苗三個地區二百三十五座廟宇，了解廟籤流通的種類有一十六種，統計廟籤使用的廟宇，從調查情形得知《六十甲子聖母籤》流通最廣，且做出作者推論。

二、介紹《聖母籤》的主要結構有籤詩、籤題、籤文、解（斷）、解說，找出籤詩句子形式、安撫模式、內容比興等寫作技巧。

三、考證詩籤故事出處有歷史故事、戲曲故事、民間傳說與俚語民俗等大項。再經詳細分析得到：

　　（一）「慈裕宮」第 5 籤和第 40 籤的模糊故事釐清為四則故事。

　　（二）在解籤方面找到新的輔助方向的有：第 13 籤、15 籤、17 籤、19 籤、41 籤、52 籤、53 籤等。

（三）由籤題判斷如：第 2 籤〈趙子龍救阿斗〉，第 14 籤〈曹公賜雲長馬袍贈金銀〉，依循故事經由正史到平話到演義最後到戲劇等演變過程的脈絡得知詩籤故事是民眾喜愛的戲劇，且大部份故事完整收錄在早期台灣民間歌謠中如：《六十條手巾歌》、《中國歷史及民間傳說歌》等，亦得知臺灣早年民間流行講古。

（四）民眾亦能將故事轉換成口頭語運用於日常生活中如：姜太公釣魚願者上鉤、奸雄曹操等。

（五）民間發展本土戲如「陳三五娘」和邊唱邊跳的小戲如「車鼓弄」。

（六）民眾可以自然將俚語做為與人互動和溝通如：銅銀買紙襪。

四、將籤詩分類成上吉、中吉、小吉三等，討論籤詩的譬喻大部份取材於大自然、花草和民間簡易術士用語，且多數詩句早已是民間朗朗上口溶化在生活之中的語詞。又在解籤時，猶應注意解釋說明是否喚起信眾對生命的信心，因而得到四種研究結果：

（一）解籤要注意譬喻的靈活變化與彈性原則。

（二）求籤是運用占卜原理。

（三）從新詮釋籤詩可以增加信眾對未來的信心，如筆者將第 09、10、33 等籤，成立新的解釋方法。

（四）籤詩的詩句化為普遍存在早期臺灣社會，且成為民間、活用慣用之流行語。

五、探討多數信眾求問的主要事項，以明白信眾的心理需求，源自期待解決生活中發生的事件，而將詩籤作為處理家庭、事業、人際等多面向生活問題的依據。且用宏觀與微觀的角度看到詩籤的社會功用兼具外顯功能在於提升社會活動的參與，潛在功能在於提升社會的凝聚力和風俗制度的建立與文物的保存，還有反功能，極易造成人與群體之間反對、衝突和糾紛。

自　序

　　本論文研究過程，在動態的尋廟蒐集廟籤，訪問廟祝、香客、耆老及靜態的閱讀文本，整理資料、歸納、分析、比較，到書寫製作，總算完成。順此，向恩師、好友、家人深表謝忱！

　　感謝

指導教授，金師榮華，殷切叮嚀與諄諄教誨，給予研究方向啟發，研究架構建立，資料彙整鎔裁，和書寫文辭表達。詳盡提攜，惠我良多，論文才得以順利完成，錦雲，於此再度獻上感恩與敬意。

　　感謝

口試委員，劉所長兆佑和陳師勁榛，溫和中肯的指導、提出寶貴意見，論文得以修正更加完整，提升研究成果和品質。

　　感謝

林正三老師提供詩律，平仄、韻腳的參考意見。陳易傳老師提供廟籤的若干資料和分享實務經驗。劉玉龍老師分享論文專寫的注意事項。孔令則律師給予研究支持與精神鼓勵。

　　感謝

好友，曉曇、智美，相伴至桃、竹、苗三地持續兩年的蒐集廟籤，時而風吹、日曬，時而雨淋，時而披星戴月歸家，表現情義相挺，為此深深感動。

　　感謝

中文所學長，忠文、女珍、綠娟，鼓勵。同學，永紝、雅慧、溫芳，相伴至台北地區廟宇參觀比較，增加廟籤了解和研究靈感。

感謝

民間多位受訪者，充分的傾囊相授，知無不言的訪談資料相當寶貴。

感謝

家人給予生活脫序的包容和經濟支援。家母，提供諸多資訊，幫助了解臺灣早年廟籤運用狀況，及對吾健康的關心。家姊給予安慰和嘉勉。

廟籤的功用既然在於寬慰人心，如同聖經箴言第二十五章第十一節所言：「一句話說得合宜，就如金蘋果在銀網子裡。」更何況世人亦常言：「一句好話暖三冬，惡言一句寒十載」，衷心盼望廟籤能夠負起榮神益人的文化角色，使得信民處於今日西風東漸的電腦虛擬世界中，心神不踏實的情況下，可以再度接受籤詩句的安撫，對民心的安定與精神慰藉，提供相當的幫助。

最後，筆者對廟籤的期許，能夠像聖經箴言第二十五章第十二節奏：「智慧人的勸戒，在順從人的耳中，好像金耳環和精金的妝飾。」可以充分發揮民間文化功能。

目

次

第一章　緒　論

第一節　研究動機與目的

一、研究動機

　　臺灣寺廟的興建，始於早期臺灣移民帶來的故鄉神教信仰，和祖靈崇拜的觀念。移民來台歷經披荊斬棘、堅苦奮鬥的開創時期，而後經世代定居，傳承發展與延續。過程中不免遭受複雜多變的人、事、物的糾葛與不順，還有自然環境帶來的生命恐懼，其身、心、靈的種種煎熬與磨難，有賴神明而獲得安撫與寬慰。

　　因此移民的膜拜行為以當時的生活處境，被視為是一種精神信仰與生活指導，在依靠神明保佑而得以安身立命的敬祀過程中，遂出現求籤的行為，來進一步明瞭神明的具體教導和指示。這些詩籤提供安撫心靈、點化做法、提醒注意、化解難題的功能，舉凡工作事業如：耕作、討海、作塭、魚苗、經商、求財……，生活人事如：月令、六甲、婚姻、失物、尋人、移居、築室……等，還有科舉功名、醫藥、安葬、鬼神……等等，凡人遭遇生命歷程不同層次的疑難雜症，「詩籤」就成為獲得神明幫助的明顯指引。

　　當今民間流行之詩籤大體以四言、五言、七言，四句一首的詩文組成，有的沿襲大陸祖地，有的來臺新創，然其創作年代和作者大多未經記載幾近於不可考，但其詩文內容大部份蘊含辭淺旨遠的特性，富有啓人深思的韻味，在有限的文字中寄託了不少的意趣，尤其以蘊含不露的意思和彈性可變的解

籤方式，加上語言中庸取向的暗示和啓發，反應了社會一般人民心理的普遍現象，頗值得做系統性的了解和研究。

　　由於筆者成長於苗栗，就地利之便，得此機會實地參訪、觀察、蒐集臺灣桃、竹、苗等三個縣市香火鼎盛的寺廟，就詩籤流通的情形和詩籤種類，做出實地的調查與統計，乃決定選擇流通最廣的《六十甲子詩籤・日出便見風雲散》做爲研究的對象，期能窺見廟籤之文學與社會價值。

二、研究目的

　　走訪桃、竹、苗等地各大小寺廟之後，經由記錄統計得知九成以上的寺廟均設有廟（靈）籤，或稱（神籤）或稱（聖籤），以供信眾抽取，且透過相同的求籤儀式求得。

　　隨著環境的變遷，時代的更替，詩籤和求籤儀式雖然尚存，然而如何解籤？如何運用？眞正的精髓大部份卻已遺失。雖然有心信士提供整理「解籤本」做爲籤解寶典者不在少數，但大多數內容和解說大同小異。對詩籤之秘，如想探其堂奧，能提供的解答範圍恐怕有限也相當淺顯，信眾心中尚留疑問之處未必眞能有所解答。

　　究竟詩籤之妙在哪？何以能流行臺灣民間，影響民心達數百年之久，延續至當今社會？且據民間廟祝普遍說法，求籤人士之廣泛，跨越各職業、各年齡、各教育層級，詩籤走入民間舞台，其所迸發的光與熱和所帶來的社會影響，令人不敢忽視。

　　因而本文乃希望探討詩籤的內容和流行的意義。

第二節　研究方法與範圍

一、研究方法

　　（一）本論文研究以苗栗縣竹南鎮「慈裕宮」所用詩籤做底本，理由是筆者將各廟詩籤蒐集比對之後發現「慈裕宮」的廟籤與陳易傳先生保存之早期木片版內容的差異較少。

　　（二）有關內容差異問題或借音或借字或印刷傳抄錯誤之發現，隨著本論文各章節出現順序連帶處理。例如有些字借用漢語（俗稱閩南語又稱台語）發音，但不取用其字義，例如：趙子郎〈龍〉，郎的

閩南語發音和龍的國語發音相同。

（三）有關詩籤故事則取自管理較完善、香客較多，詩籤使用量較多，且較具地方文化代表廟宇的竹南「慈裕宮」和桃園「慈護宮」兩宮，而故事名稱的模糊或錯處亦隨各章節論述時說明修正。

（四）有關詩籤種類與流通之來源，採田野調查的方式，實際走訪寺廟，蒐集正在使用的運籤加以記錄、分類，製表。

（五）有關資料取得方式，訪問各家廟祝、解籤員和廟內管理委員，以了解運籤實際運用和流通情形，及解籤過程碰到的問題，並且隨機抽樣採訪耆老、香客和熟悉廟宇各項活動之長輩及民間研究籤詩人士，就其印象、聽聞及經驗，提供參考、佐證，因此本文取證來源除了文本，亦隨各章節之需要，加入民間調查和鄉野訪談的資料。至於姓名是否公開，尊重受訪者。

（六）詳細蒐集閱讀相關文獻資料，做為研究的基礎。

（七）引用資料方面除了一般文本和單篇論文，亦酌量加入網路資料。

（八）以電腦輸入，製作完成各項表單，保存相關資料，再作系統性的分析、歸納、整理、解釋。

（九）有關詩籤主結構方面成立專章論述：詩籤的故事〈本論文第四章〉，詩籤的譬喻〈本論文第五章〉，詩籤的斷與解之社會功能〈本論文第六章〉。

二、研究範圍

　　本論文研究以臺灣桃、竹、苗等三個縣市當今香火鼎盛且有廟籤設置之寺廟，所流通的《六十甲子運籤・日出便見風雲散》為主，又因調查結果在所流通寺廟諸多神祇中，該套詩籤以「媽祖廟」使用佔最多數，頗具有海洋信仰的文化代表性，表現了多數信眾對媽祖的敬仰之心，因此本論文以下各章節將以「聖母籤」代稱之。

　　本論文遵照下列六點研究限制：

（一）本論文所言詩籤，均指臺灣桃、竹、苗三地所流通者而言。

（二）本論文所謂六十甲子詩籤，是指首句為：「日出便見風雲散」者，不包含其他的六十甲子籤。

（三）本論文不涉及「籤頭詩」和「籤尾詩」，只針對六十首主體詩籤作

研究。

（四）本論文研究重點在於它的流通性、普及性的存在意義，而非特殊性。

（五）本論文不涉及「藥籤」。

（六）本論文研究對象為籤上顯示的主要項目：籤詩、籤題、求問事項等廣範圍研究，所以在此先對「詩籤」與「籤詩」稍加解釋。「詩籤」指整支籤，而「籤詩」僅指籤中的詩。信眾至廟亦是「求籤」，而非「求詩」，筆者乃將本研究取名前者。

第三節　前人研究文獻

近年來臺灣研究廟籤者，有日愈增多的趨勢，對於臺灣民間文化的保留與發揚是一種好的現象，由於早期因日本統治臺灣的政治因素，日方為了解臺灣人的生活習俗與信仰，由官方派人從事有關民俗的調查報告，其中也包含部份的廟籤，較出名的如：片岡巖、鈴木清一、金關丈夫等人，均有片段的籤詩記載，而酒井忠夫則有較多籤詩蒐集記錄，日人研究臺灣民俗略略提到籤詩的尚有：伊能嘉矩、國分直一。

至於本國人，對籤詩的研究則稍慢，容肇祖、吳樹、朱介凡，可說是早先研究廟籤的代表人物，而德籍學生龐緯於臺灣求學的博士論文，扮演了學術研究廟籤關鍵的角色，晚近還有學者丁煌對於臺南舊廟運籤有了初步研究，算是給臺灣學術界帶動研究風氣。

筆者將按圖索驥，將有公開專論發表和有編輯成冊的前人研究文獻資料先行蒐集，再仔細閱讀，進行認識與熟悉，做為研究參考的材料。截至目前，將有關籤詩研究的前人資料，經過閱讀、整理，**選擇較有代表性的稍作簡介如下**：

一、國外部分

（一）德籍學生龐緯在臺灣師範大學求學期間的博士論文：《中國靈籤研究》資料篇：大量搜集臺灣當時各地籤詩五十五套，及部份港、澳、星馬等地之海外籤詩〔註1〕，對籤詩的保存有相當的價值。

（二）日籍學者酒井忠夫、今井宇三郎和吉元昭治等合編：《中國的靈籤‧

〔註 1〕見德人‧龐緯：（Werner，Banck）著，《中國靈籤研究‧資料篇》，台北：龍記圖書公司出版，1976.12 初版，頁 1～32。

藥籤集成》：包括藥籤和運籤，蒐集中國大陸河北、臺灣、戰後香港和日本當地流通的綜合研究。〔註2〕其中對於臺灣運籤也有代表性的保存。

（三）日籍學者鈴木清一，作品《臺灣舊習慣習俗信仰》：介紹臺灣人的習慣、信仰和習俗，〔註3〕亦有籤詩的簡單介紹。

（四）日籍金關丈夫以《民俗臺灣》雜誌以日文報導，散見數集，將籤詩，以迷信角度看待拜拜求籤的不好影響。

（五）日籍片岡巖《臺灣風俗誌》著重於民俗信仰，對籤詩蒐集了台南三種靈籤將其結構略述報導。〔註4〕

可惜的是；日人對《廟籤》僅是調查，不算研究，且其報導是以臺灣人的陋習面切入，勸人勿太迷信，算是負面看法，尚未彰顯真正對臺灣文化的發揚，更有甚者，筆者由耆老說法和家母所述，日據時代，很多廟神，像媽祖、天公、太子爺等；均被日方沒收、或毀壞；或改裝成佛像，而廟籤也被禁用，並無擺設。

至於廟前酬神大戲，就幾個廟前老媽媽的回憶，兒時於日據時代所看；均為愛情故事演出，如《陳三五娘》、《梁山伯與祝英台》，《正德君戲李鳳姊》等，經年累月都是重複相同的戲碼，少見其他忠孝節義之歷史故事。

因此閱讀日人報導若未稍加思辨，很容易受其影響而失去客觀性乃至造成偏見，更遑論及廟宇文化保存的價值。

二、國內部分

國內對廟籤的研究，可以看到師生相承的關係，形成了一個特殊現象如：

（一）丁煌：《台南舊廟運籤的初步研究〔註5〕》，對台南廟籤有完整的採集，而其學生王文亮，亦追隨老師，以：《臺灣地區舊廟籤詩文化之研究——以南

〔註2〕見日人・酒井忠夫等編：《中國的靈籤・藥籤集成》，東京：株式會社風響社發行，1992.6.印刷發行，頁534。

〔註3〕見日人・鈴木清一著，馮作民譯：《臺灣舊習慣習俗信仰》，台北：眾文圖書公司，1989年出版。

〔註4〕見片岡巖著，陳金田譯：《臺灣風俗誌》，台北：大立出版社出版，1981.1 初版，頁551。

〔註5〕見丁煌：〈台南舊廟運籤的初步研究〉，收入李豐楙・朱榮貴主編，《儀式、廟會與社區》，台北：中央研究院中國文哲研究所籌備處發行，1996.11 初版，1999.7 月修訂一版，頁375～558。

部地區百年寺廟爲主》，給臺灣的研究生帶動好的影響。〔註6〕（二）汪娟：《臺灣地區佛教寺院籤詩》研究，以百年寺廟爲對象做了籤詩的調查，呈現爲數八頁的成果，其學生蔡美意：《金門城隍廟籤詩之研究》〔註7〕，以城隍爺爲主軸進行三家城隍廟籤詩分析。（三）林國平：《靈籤兆象研究》〈廈門大學〉，〔註8〕其研究有一新的觀念和特點是用宗教學角度分析籤的兆象。其學生：陳進國：《寺廟靈籤的流傳與風水信仰的擴散——以閩台爲中心的探討》，亦分析了靈籤的貞卜與風水信仰的密切關係。

　　其他尚有不少短篇論文，大都集中發表籤詩起源、籤詩種類和求籤方式及求籤功用，對於籤詩內文探討，雖然尚未深入，但已具備了研究詩籤的雛型，且都能證明詩籤在民間運用的廣泛性。

　　此部份僅介紹資料來源如下〈依姓氏筆劃〉：朱介凡：神籤探索起步〔註9〕，林修澈：宜蘭縣內廟的運籤〔註10〕，吳樹：台南的寺廟籤詩〔註11〕，容肇祖：占卜的源流〔註12〕，陳威伯、施靜宜：北港媽祖廟籤詩研究〔註13〕，謝金良：論籤占語言的通俗文學化和宗教神學化〈以「北帝靈籤」文本演變爲例〉。〔註14〕

　　近期更有若干研究生以學術研究立場跟進了廟籤研究的領域，發表了碩士學位論文如：

　　（1）研究內容以多家廟、多套籤綜合論述的有：

〔註6〕見王文亮：《臺灣地區舊廟籤詩文化之研究——以南部地區百年寺廟爲主》，（台南師範學院鄉土文化研究所，碩士論文），2000年。

〔註7〕見蔡美意：《金門城隍廟籤詩之研究》，（台北銘傳大學・應用中國文學系，碩士論文），2004年。

〔註8〕見林國平：〈靈籤兆象研究〉，《民俗研究》，（2006年季刊）第四期，山東：新華印刷2006.12月出版，頁131～149。

〔註9〕見朱介凡：〈神籤探索起步〉，《中國民俗學通訊》，第三十期，（1993年12月），頁1～19。

〔註10〕見林修澈：〈宜蘭縣內廟的運籤〉，《宜蘭研究》，第三屆學術研討會論文集，（2004年版），頁21～60。

〔註11〕見吳樹：〈台南的寺廟籤詩〉，《臺灣風物》第十八卷第二期（1968年4月），頁20～25。

〔註12〕見容肇祖：〈占卜的源流〉，《歷史語言研究所集刊》，中央研究院第一本第一分，（1928年版），頁47～87。

〔註13〕見陳威伯・施靜宜：《北港媽祖廟籤詩研究》，收入陳哲聰主編：《人文海洋：2006國際海洋文化研討會會後論文集》，頁127～144。

〔註14〕見謝金良：《論籤占語言的通俗文學化和宗教神學化〈以「北帝靈籤」文本演變爲例〉》，道教學術資訊網站：http://www.ctcwri.idv.tw。

陳香琪：《臺灣通行籤詩之文學性研究》，國立高雄師範大學。

劉玉龍：《寺廟籤詩研究——以臺灣寺廟運籤爲主》，國立彰化師範大學。

（2）研究內容以一家廟或一套籤或一主神爲單位論述的有：

羅瑞芬：《臺灣寺廟籤詩文化中的文學性——以宜蘭昭應宮廟籤爲例》，佛光人文社會學院。

大抵，廟籤研究能夠找到民間文化的美妙。

本論文將針對「六十甲子聖母詩籤」，進行深入的分析。

第二章　詩籤的種類、流傳與作者

　　「詩籤」也作「詩讖」，「籤」與「讖」「古音」與「本義」均同，作「驗」解。《說文解字》第三篇、言部：「讖」驗也，從言韱聲。〔註 1〕第五篇、竹部：「籤」驗也，從竹韱聲。

　　本文所稱詩籤專指神廟中設置，提供信民抽取借以探知吉凶的運籤，通稱「廟籤」亦稱「神籤」、「靈籤」，大部份是以五言絕句或七言絕句的形式寫成。

第一節　「詩籤」的種類

　　臺灣流行的廟籤有多少種類？各家說法不一，有具體數字者如下：

一、德籍研究生龐緯的博士論文：《中國靈籤研究》錄了五十五套詩籤，其中在臺灣通行的有四十六套（包括金門、澎湖）。〔註 2〕依詩體分類：七言的有三十套，五言的有十五套，八言的有一套。

二、劉玉龍的碩士論文提出九十套，其中臺灣通行的有七十九套〈包括金門、澎湖〉。〔註 3〕依詩體分類：七言的有五十五套，五言的有二十套，四言的有三套，八言的有一套。

　　以上龐緯和劉玉龍出現相同廟籤四十四種，因此重疊者仍算一種，得知目前臺灣流行的廟籤保守估計大約是八十種。

〔註 1〕見漢・許慎撰，清・段玉裁注：《說文解字注》，台北：洪葉文化出版，2003.10月增修一版二刷，頁 91 和頁 198。

〔註 2〕見龐緯著：《中國靈籤研究》資料篇，台北：龍記圖書公司出版，1976.12 初版。

〔註 3〕見劉玉龍：《寺廟籤詩研究──以臺灣寺廟運籤爲主》碩士論文，國立臺灣彰化師範大學國文研究所，2005 年，頁 128。

三、其他如：（一）日人酒井忠夫《中國的靈籤・藥籤集成》，收錄中國
　　大陸，臺灣和日本留通的籤詩。〔註4〕（二）丁煌《台南舊廟運籤的
　　初步研究》。〔註5〕（三）王文亮以南部地區百年寺廟。〔註6〕所收
　　廟籤都沒有超過龐、劉二氏所錄者。
　　就以上八十種廟籤，其中《六十甲子聖母詩籤》每首七言四句，共六十
首，是本文所要論述的主題。

第二節　詩籤的流傳

　　臺灣目前流行的八十種廟籤，桃竹苗地區寺廟使用的有一十六種，在筆
者蒐集的二百三十五座寺廟，被使用最多的是《六十甲子聖母籤》（下表編號
01）有一百二十座寺廟，其次是《關聖帝籤》（下表編號06）有八十五座寺廟，
其餘使用廟宇均在少數，分析如下：

桃、竹、苗地區廟籤使用種類分析如下〈以籤數排列〉：

編號	籤數	籤　名	桃園	新竹	苗栗	合　計
01	60	日出便見風雲散	36	57	27	120
02	60	海島初升月一輪	2	2		4
03	60	此籤第一盡亨通			2	2
04	60	此籤落地陰陽盼	1	1		2
05	64	天運迻轉乘六龍		1		1
06	100	巍巍獨步向雲間	19	37	29	85
07	100	天開地闢結良緣	1	1	1	3
08	100	曉日曈曈萬象融			6	6
09	51	占得此籤百事宜		1		1
10	49	飛龍變化喜逢時		3	1	4

〔註4〕見酒井忠夫等編著：《中國的靈籤・藥籤集成》，東京：株式會社風響社發行，
　　　1992.06.10 印刷，1992.06.18 發行，頁 11～151。
〔註5〕見李豐楙、朱榮貴主編：《儀式、廟會與社區・台南舊廟運籤的初步研究》，
　　　台北：中央研究院中國文學研究所籌備處發行，1996.11 初版，1999.07 修訂
　　　一版，頁 375～558。
〔註6〕見王文亮：《臺灣地區舊廟籤詩文化研究——以南部地區百年寺廟為主》，碩
　　　士論文，臺灣：國立台談南師範學院，鄉土文化研究所，2000 年，頁 189～
　　　190。

編號	籤數	籤　名	桃園	新竹	苗栗	合　計
11	36	福如東海壽南山	1		1	2
12	32	多福多壽多男子	1			1
13	32	平生如得今年運		1		1
14	30	純陽之數在臨行			1	1
15	26	關關雎鳩		1		1
16	366	海島初昇月一輪〈自創多套組合型〉		1		1
		合　計	61	106	68	235

　　上表顯示《六十甲子聖母詩籤》在桃、竹、苗地區使用最廣，據劉玉龍和陳易傳調查在全台使用也排名第一。〔註7〕

　　桃、竹、苗三個縣市廟籤使用情形調查統計共計二百三十五座，內含：

　　（一）二百零五座廟親自走訪。

　　（二）一十一座廟採電話調查〈表中廟宇座落地加●〉。

　　（三）劉玉龍提供一十九座廟〈表中廟宇座落地加※〉。

　　分類整理如下：

一、桃園地區各廟宇使用籤類一覽表

編號	廟宇名稱	供奉主神	廟籤名稱	首　句	座落地點
1	慈護宮	媽祖	六十甲子靈籤	日出便見風雲散	桃園市
2	媽祖堂	媽祖	六十甲子靈籤	日出便見風雲散	桃園市
3	宋天宮	楊六使	六十甲子靈籤	日出便見風雲散	桃園市
4	鎮撫宮	保安廣澤尊王	六十甲子靈籤	日出便見風雲散	桃園市
5	蓮華寺	觀音佛祖	六十甲子靈籤	日出便見風雲散	桃園市
6	慈濟宮	觀音佛祖	六十甲子靈籤	日出便見風雲散	桃園市
7	明德宮	福德正神	六十甲子靈籤	日出便見風雲散	桃園市
8	壽山巖觀音寺	佛祖	六十甲子靈籤	日出便見風雲散	龜山鄉

〔註7〕劉玉龍於全台廟籤採收統計，《六十甲子聖母籤》，使用率亦佔有六成之強。陳易傳於十數年蒐集經驗得知在整個臺灣詩籤的使用上，亦佔有六成。

編號	廟宇名稱	供奉主神	廟籤名稱	首　句	座落地點
9	五福宮	玄壇元帥	六十甲子靈籤	日出便見風雲散	蘆竹鄉—南崁
10	竹林寺	觀音菩薩	六十甲子靈籤	日出便見風雲散	蘆竹鄉—南崁
11	福海宮	輔信王宮	六十甲子靈籤	日出便見風雲散	蘆竹鄉—竹圍
12	福元宮	三府三王宮	六十甲子靈籤	日出便見風雲散	蘆竹鄉—海口
13	福德宮	福德正神	六十甲子靈籤	日出便見風雲散	蘆竹鄉—田心
14	天后宮	媽祖〈二媽〉	六十甲子靈籤	日出便見風雲散	八德鄉
15	福成宮	福德正神	六十甲子靈籤	日出便見風雲散	八德鄉—大湳
16	三元宮	三官大帝	六十甲子靈籤	日出便見風雲散	八德鄉—八德市
17	隆鳳宮	中壇元帥	六十甲子靈籤	日出便見風雲散	八德鄉
18	福安宮	媽祖	六十甲子靈籤	日出便見風雲散	大溪—三層
19	觀音寺	觀世音菩薩	六十甲子靈籤	日出便見風雲散	大溪—蓮座山
20	仁壽宮	感天大帝	六十甲子靈籤	日出便見風雲散	大園
21	保障宮	媽祖	六十甲子靈籤	日出便見風雲散	觀音鄉—草螺
22	甘泉寺	觀音佛祖	六十甲子靈籤	日出便見風雲散	觀音鄉
23	昭靈宮	七夫人	六十甲子靈籤	日出便見風雲散	觀音鄉—蚵殼港
24	天后宮	媽祖	六十甲子靈籤	日出便見風雲散	新屋—笨港
25	仁海宮	媽祖	六十甲子靈籤	日出便見風雲散	中壢
26	崇德宮	三官大帝	六十甲子靈籤	日出便見風雲散	中壢—大崙
27	三崇宮	三官大帝	六十甲子靈籤	日出便見風雲散	中壢
28	玄天宮—1	玄天上帝	六十甲子靈籤	日出便見風雲散	中壢
29	玄天宮—2	觀音菩薩	六十甲子靈籤	日出便見風雲散	中壢
30	紫竹林觀音寺	觀世音菩薩	六十甲子靈籤	日出便見風雲散	內壢●
31	妙法道場	三寶佛	六十甲子靈籤	日出便見風雲散	楊梅
32	錫福宮—2樓	三官大帝	六十甲子靈籤	日出便見風雲散	楊梅
33	龍元宮	神農大帝	六十甲子靈籤	日出便見風雲散	龍潭
34	三元宮	三官大帝	六十甲子靈籤	日出便見風雲散	龍潭

編號	廟宇名稱	供奉主神	廟籤名稱	首　句	座落地點
35	北靖宮	玄天大帝	六十甲子靈籤	日出便見風雲散	龍潭
36	永福宮	三官大帝	六十甲子靈籤	日出便見風雲散	龍潭—三坑子
37	指玄宮	孚佑帝君	六十甲子靈籤	此籤落地判陰陽	八德鄉—大湳
38	三元宮	三官大帝	六十甲子靈籤	海島初昇月一輪	楊梅
39	褒忠祠	義民軍	六十甲子靈籤	海島初昇月一輪	平鎮
40	明聖道院	關聖帝君	一百首靈籤	巍巍獨步向雲間	桃園市
41	聖母宮	天上聖母	一百首靈籤	巍巍獨步向雲間	桃園市
42	桃園武廟	關聖帝君	一百首靈籤	巍巍獨步向雲間	桃園市
43	統天宮	恩主宮	一百首靈籤	巍巍獨步向雲間	桃園市
44	明倫三聖宮	三聖恩主	一百首靈籤	巍巍獨步向雲間	桃園市●
45	龍德宮	媽祖	一百首靈籤	巍巍獨步向雲間	蘆竹鄉
46	玉元宮—1	三官大帝	一百首靈籤	巍巍獨步向雲間	八德鄉—宵裡
47	玉元宮—2	天上聖母	一百首靈籤	巍巍獨步向雲間	八德鄉—宵裡
48	玉元宮—3	觀世音菩薩	一百首靈籤	巍巍獨步向雲間	八德鄉—宵裡
49	元聖宮—三界廟	三官大帝	一百首靈籤	巍巍獨步向雲間	八德鄉—茄苳
50	三清宮	三清道祖	一百首靈籤	巍巍獨步向雲間	八德鄉
51	保生宮	保生大帝	一百首靈籤	巍巍獨步向雲間	觀音—永安
52	南天宮	玉皇	一百首靈籤	巍巍獨步向雲間	龍潭
53	三清道祖廟	三清道祖	一百首靈籤	巍巍獨步向雲間	龍潭
54	錫福宮—1 樓	關聖帝君	一百首靈籤	巍巍獨步向雲間	楊梅
55	三教紫雲宮	三聖帝	一百首靈籤	巍巍獨步向雲間	中壢
56	玉尊宮	玉皇大帝	一百首靈籤	巍巍獨步向雲間	中壢
57	天德宮	明明上帝	一百首靈籤	巍巍獨步向雲間	中壢—大崙
58	玄天宮	玄天大帝	一百首靈籤	巍巍獨步向雲間	中壢—深圳
59	景福宮	開漳聖王	一百首靈籤	天開地闢結良緣	桃園市
60	仁和宮	開漳聖王	三十二首靈籤	多福多壽多男子	桃園—大溪※
61	永昌宮	神農大帝	三十六首靈籤	福如東海壽南山	桃園—大溪※

二、新竹地區各廟宇使用籤類一覽表

編號	廟宇名稱	供奉主神	廟籤名稱	首　句	座落地點
1	長和宮	媽祖	六十甲子靈籤	日出便見風雲散	新竹市內
2	天后宮—內媽	媽祖	六十甲子靈籤	日出便見風雲散	新竹市內
3	慈聖宮	媽祖	六十甲子靈籤	日出便見風雲散	新竹—南寮
4	東寧宮	地藏王菩薩	六十甲子靈籤	日出便見風雲散	新竹市內
5	竹蓮寺	觀世音菩薩	六十甲子靈籤	日出便見風雲散	新竹市內
6	受天宮	玄天上帝	六十甲子靈籤	日出便見風雲散	新竹市內
7	鎮安宮	三府王爺	六十甲子靈籤	日出便見風雲散	新竹—仙水里
8	九天玄女廟	九天玄女	六十甲子靈籤	日出便見風雲散	新竹—古奇峰
9	元亨宮	池府王爺	六十甲子靈籤	日出便見風雲散	新竹市
10	慈雲庵	清水祖師	六十甲子靈籤	日出便見風雲散	新竹—埔頂
11	聖母廟	媽祖	六十甲子靈籤	日出便見風雲散	新竹—水源
12	吉良宮	姑娘媽	六十甲子靈籤	日出便見風雲散	新竹市
13	天王宮	玄天上帝	六十甲子靈籤	日出便見風雲散	新竹市
14	青山宮	靈尊天王	六十甲子靈籤	日出便見風雲散	新竹市
15	浸水靈隱寺	觀音佛祖	六十甲子靈籤	日出便見風雲散	新竹—浸水庄
16	威靈宮	楊府千歲	六十甲子靈籤	日出便見風雲散	新竹市
17	南寧宮	南府鯤鯓	六十甲子靈籤	日出便見風雲散	新竹—浸水庄
18	法蓮寺	觀音佛祖	六十甲子靈籤	日出便見風雲散	新竹市※
19	明蓮寺	觀音佛祖	六十甲子靈籤	日出便見風雲散	新竹市※
20	玉盧宮	觀音佛祖	六十甲子靈籤	日出便見風雲散	新竹市※
21	天后宮	媽祖	六十甲子靈籤	日出便見風雲散	竹北
22	蓮花寺	觀音佛祖	六十甲子靈籤	日出便見風雲散	竹北
23	太白宮	太白金星	六十甲子靈籤	日出便見風雲散	竹北
24	保安宮	媽祖	六十甲子靈籤	日出便見風雲散	竹北
25	北和宮	媽祖	六十甲子靈籤	日出便見風雲散	竹北
26	蓮華寺	觀世音菩薩	六十甲子靈籤	日出便見風雲散	六家—犁頭山

編號	廟宇名稱	供奉主神	廟籤名稱	首　句	座落地點
27	與天宮	媽祖	六十甲子靈籤	日出便見風雲散	新埔
28	雲天宮	媽祖	六十甲子靈籤	日出便見風雲散	新埔
29	廣和宮	三山國王	六十甲子靈籤	日出便見風雲散	新埔
30	立善寺	三寶佛	六十甲子靈籤	日出便見風雲散	關西
31	北極殿	保生大帝	六十甲子靈籤	日出便見風雲散	關西
32	顯聖宮	媽祖	六十甲子靈籤	日出便見風雲散	湖口—溪南
33	三元宮	三官大帝	六十甲靈子籤	日出便見風雲散	湖口—老街
34	德后宮	媽祖	六十甲靈子籤	日出便見風雲散	湖口
35	註生宮	註生娘	六十甲靈子籤	日出便見風雲散	湖口—祥喜
36	五和宮	媽祖	六十甲子靈籤	日出便見風雲散	芎林—鹿寮坑
37	慈天宮	媽祖	六十甲子靈籤	日出便見風雲散	北埔
38	樂善堂	佛祖	六十甲子靈籤	日出便見風雲散	橫山—大山背
39	如來寺	佛祖	六十甲子靈籤	日出便見風雲散	橫山—大山背
40	無爲天宮—1	十二仙女	六十甲子靈籤	日出便見風雲散	橫山—大山背
41	義民廟	義民	六十甲子靈籤	日出便見風雲散	關西●
42	永寧宮	玉皇大帝	六十甲子靈籤	日出便見風雲散	新豐
43	福農宮	神農大帝	六十甲子靈籤	日出便見風雲散	新豐
44	天德宮	無形古佛	六十甲子靈籤	日出便見風雲散	新豐
45	玄天宮—3	媽祖	六十甲子靈籤	日出便見風雲散	新豐—松柏林
46	天后宮	媽祖	六十甲子靈籤	日出便見風雲散	新豐—坡頭村
47	楊柳堂	觀音菩薩	六十甲子靈籤	日出便見風雲散	新豐
48	普元宮	三清王爺	六十甲子靈籤	日出便見風雲散	新豐—紅毛港
49	池王廟	池府王爺	六十甲子靈籤	日出便見風雲散	新豐—紅毛港
50	種福堂	觀世音菩薩	六十甲子靈籤	日出便見風雲散	竹東
51	五華宮	包青天	六十甲子靈籤	日出便見風雲散	竹東
52	玄武宮	玄天上帝	六十甲子靈籤	日出便見風雲散	寶山鄉
53	天后宮	媽祖	六十甲子靈籤	日出便見風雲散	香山
54	龍正宮	媽祖	六十甲子靈籤	日出便見風雲散	香山

編號	廟宇名稱	供奉主神	廟籤名稱	首　句	座落地點
55	明烈宮	七夫人	六十甲子靈籤	日出便見風雲散	香山—大庄
56	保安宮	保生大帝	六十甲子靈籤	日出便見風雲散	香山—美山
57	長興宮	三府王爺	六十甲子靈籤	日出便見風雲散	香山—塩水港
58	關帝廟	孚佑帝君	六十甲子靈籤	此籤落地陰陽盼	新竹市—後殿
59	萬善祠	無主眾生	六十甲子靈籤	海島初升月一輪	新竹—芎林※
60	褒忠亭	義民	六十甲子靈籤	海島初升月一輪	新埔
61	城隍廟	城隍爺	一百首靈籤	崔巍崔巍復崔巍	新竹市
62	文林閣	文昌帝君	一百首靈籤	巍巍獨步向雲間	芎林
63	廣福宮	三山國王	一百首靈籤	巍巍獨步向雲間	芎林
64	代勸堂	關公・孚右・司命	一百首靈籤	巍巍獨步向雲間	芎林—飛鳳山
65	惠昌宮	三山國王	一百首靈籤	巍巍獨步向雲間	竹東市內
66	五谷宮	神農寺氏	一百首靈籤	巍巍獨步向雲間	竹東—二重里
67	福隆宮	三山國王	一百首靈籤	巍巍獨步向雲間	竹東—柯湖里
68	國王宮	三山國王	一百首靈籤	巍巍獨步向雲間	竹東—三重里
69	普照宮	關聖帝	一百首靈籤	巍巍獨步向雲間	竹東
70	天壇寺	佛祖	一百首靈籤	巍巍獨步向雲間	橫山—大山背
71	無為天宮—2	十二仙女	一百首靈籤	巍巍獨步向雲間	橫山—大山背
72	三元宮〈廣濟〉	義民	一百首靈籤	巍巍獨步向雲間	.新竹—橫山※
73	玉皇宮	玉皇大帝	一百首靈籤	巍巍獨步向雲間	五指山●
74	盤古廟	盤古大帝	一百首靈籤	巍巍獨步向雲間	五指山●
75	天德觀—武聖祠	關聖帝	一百首靈籤	巍巍獨步向雲間	新竹—寶山鄉
76	慈明堂	趙府王爺	一百首靈籤	巍巍獨步向雲間	新竹—寶山鄉
77	隆聖宮	關聖帝	一百首靈籤	巍巍獨步向雲間	新竹—富興
78	三元宮	三官大帝	一百首靈籤	巍巍獨步向雲間	湖口—波羅汶
79	三元宮	三官大帝	一百首靈籤	巍巍獨步向雲間	新豐—溪南中崙
80	玄天宮—2	關聖帝	一百首靈籤	巍巍獨步向雲間	新豐—松柏林

編號	廟宇名稱	供奉主神	廟籤名稱	首　　句	座落地點
81	五賢宮	四府王爺	一百首靈籤	巍巍獨步向雲間	竹北—貓兒錠
82	靜善宮	三府王爺	一百首靈籤	巍巍獨步向雲間	竹北—尚義里
83	三聖宮	關聖帝	一百首靈籤	巍巍獨步向雲間	新埔—蓮華山
84	文昌祠	文昌帝君	一百首靈籤	巍巍獨步向雲間	新埔—鎮內
85	義勇廟	義民	一百首靈籤	巍巍獨步向雲間	新埔—鎮內
86	太和宮	三官大帝	一百首靈籤	巍巍獨步向雲間	關西
87	永和宮	三官大帝	一百首靈籤	巍巍獨步向雲間	關西
88	眞芳寺	佛祖	一百首靈籤	巍巍獨步向雲間	新竹—古奇峰
89	境福宮	六將爺	一百首靈籤	巍巍獨步向雲間	新竹市
90	天鳳宮—1	千手千眼觀音	一百首靈籤	巍巍獨步向雲間	新竹市
91	關帝廟—前殿	關聖帝	一百首靈籤	巍巍獨步向雲間	新竹市
92	天公壇	玄天上帝	一百首靈籤	巍巍獨步向雲間	新竹市
93	天宏宮	瑤池金母	一百首靈籤	巍巍獨步向雲間	新竹市—建功
94	寧安宮	三府王爺	一百首靈籤	巍巍獨步向雲間	新竹市—水源
95	財神廟	彌勒佛	一百首靈籤	巍巍獨步向雲間	新竹—古奇峰
96	普天宮	關聖帝	一百首靈籤	巍巍獨步向雲間	新竹—古奇峰
97	乾坤宮	開漳聖王	一百首靈籤	巍巍獨步向雲間	新竹—香山
98	金山寺	佛祖	一百首靈籤	天開地闢結良緣	新竹
99	崑崙神聖殿	眾仙佛	三百六十六首	海島初昇月一輪	關西
100	天鳳宮—2	千手千眼觀音	六十四首靈籤	天運送轉乘六龍	新竹市
101	灶君堂	九禾司命眞君	五十一首	占得此籤百事宜	五指山●
102	龍台宮	玄天上帝	四十九首靈籤	飛龍變化喜逢時	新竹市
103	北極殿	玄天上帝	四十九首靈籤	飛龍變化喜逢時	新竹市
104	玄天宮—1	玄天上帝	四十九首靈籤	飛龍變化喜逢時	新豐—松柏林
105	青草湖靈隱寺	孔明	三十二首	平生如得今年運	新竹—青草湖
106	月老星君廟	月下老人	二十六首靈籤	關關睢鳩	新竹—古奇峰

三、苗栗地區各廟宇使用籤類一覽表

編號	廟宇名稱	供奉主神	廟籤名稱	首 句	座落地點
1	慈裕宮	媽祖	六十甲子靈籤	日出便見風雲散	竹南—中港
2	龍鳳宮—1	媽祖	六十甲子靈籤	日出便見風雲散	竹南—龍鳳里
3	龍鳳宮—2	媽祖	六十甲子靈籤	日出便見風雲散	竹南—中港
4	福德宮	福德正神	六十甲子靈籤	日出便見風雲散	竹南—中港
5	三聖宮	延平郡王	六十甲子靈籤	日出便見風雲散	竹南—中港
6	德聖宮	三府王爺	六十甲子靈籤	日出便見風雲散	竹南—海口溫內
7	明德宮	三皇太子	六十甲子靈籤	日出便見風雲散	竹南—海口
8	光德宮	王爺	六十甲子靈籤	日出便見風雲散	竹南—港墘
9	慈聖宮	媽祖	六十甲子靈籤	日出便見風雲散	苗栗—造橋
10	明永堂	南海觀音	六十甲子靈籤	日出便見風雲散	苗栗—頭屋明德
11	永春宮	關公	六十甲子靈籤	日出便見風雲散	苗栗—頭屋明德
12	慈惠宮	媽祖	六十甲子靈籤	日出便見風雲散	通宵
13	受天宮	媽祖	六十甲子靈籤	日出便見風雲散	通宵—烏眉
14	朝雲宮	玄天上帝	六十甲子靈籤	日出便見風雲散	通宵●
15	慈雲寺	觀音菩薩	六十甲子靈籤	日出便見風雲散	通宵●
16	東龍宮	關聖帝	六十甲子靈籤	日出便見風雲散	通宵●
17	順天宮	媽祖	六十甲子靈籤	日出便見風雲散	苑裡—房裡
18	慈和宮	媽祖	六十甲子靈籤	日出便見風雲散	苑裡
19	天后宮	媽祖	六十甲子靈籤	日出便見風雲散	三義
20	天后宮	媽祖	六十甲子靈籤	日出便見風雲散	銅鑼
21	五龍宮	媽祖	六十甲子靈籤	日出便見風雲散	西湖—三湖
22	蓮座宮	觀音佛祖	六十甲子靈籤	日出便見風雲散	大湖
23	五穀宮	神農氏	六十甲子靈籤	日出便見風雲散	頭份
24	大化宮	三山國王	六十甲子靈籤	日出便見風雲散	頭份—斗換坪
25	觀音宮	觀音菩薩	六十甲子靈籤	日出便見風雲散	頭份
26	清泉寺	佛祖	六十甲子靈籤	日出便見風雲散	談文

編號	廟宇名稱	供奉主神	廟籤名稱	首　句	座落地點
27	舍利洞	瑤池金母	六十甲子靈籤	日出便見風雲散	獅頭山
28	拱天宮	媽祖	一百首靈籤	曉日瞳瞳萬象融	白沙屯
29	永貞宮	媽祖	一百首靈籤	曉日瞳瞳萬象融	頭份—田寮
30	天后宮	媽祖	一百首靈籤	曉日瞳瞳萬象融	苗栗市—田寮
31	天德宮	五府千歲	一百首靈籤	曉日瞳瞳萬象融	白沙屯
32	慈雲宮	媽祖	一百首靈籤	曉日瞳瞳萬象融	後龍
33	五雲宮	媽祖	一百首靈籤	曉日瞳瞳萬象融	苗栗—通宵※
34	天后宮	媽祖	一百首靈籤	巍巍獨步向雲間	大湖
35	東嶽府	東嶽大帝	一百首靈籤	巍巍獨步向雲間	苗栗市區※
36	天雲廟	玄天上帝	一百首靈籤	巍巍獨步向雲間	苗栗市區※
37	城隍廟	城隍爺	一百首靈籤	巍巍獨步向雲間	苗栗市區※
38	三山國王廟	三山國王	一百首靈籤	巍巍獨步向雲間	苗栗市區※
39	玉青宮	關聖帝	一百首靈籤	巍巍獨步向雲間	苗栗市區※
40	義民廟—1	義民	一百首靈籤	巍巍獨步向雲間	苗栗市區※
41	靈洞宮	關聖帝	一百首靈籤	巍巍獨步向雲間	大湖●
42	聖衡宮	關聖帝	一百首靈籤	巍巍獨步向雲間	大湖
43	聖顯宮	關聖帝	一百首靈籤	巍巍獨步向雲間	大湖
44	玉虛宮	關聖帝	一百首靈籤	巍巍獨步向雲間	獅潭—豐林
45	五文宮	關聖帝	一百首靈籤	巍巍獨步向雲間	獅潭—合興
46	行德宮	觀世音菩薩	一百首靈籤	巍巍獨步向雲間	三義●
47	水興宮	三太子	一百首靈籤	巍巍獨步向雲間	竹南—山佳
48	無極混元監書院	三清大帝	一百首靈籤	巍巍獨步向雲間	竹南—海口
49	鎮安宮	大道公	一百首靈籤	巍巍獨步向雲間	竹南—海口溫內
50	福龍宮	三太子	一百首靈籤	巍巍獨步向雲間	竹南—大埔
51	湖蓮宮	觀音佛祖	一百首靈籤	巍巍獨步向雲間	頭份—三灣
52	太陽宮—1樓	太陰菩薩	一百首靈籤	巍巍獨步向雲間	頭份—珊珠湖
53	太陽宮—2樓	太陽星君	一百首靈籤	巍巍獨步向雲間	頭份—珊珠湖

編號	廟宇名稱	供奉主神	廟籤名稱	首　　句	座落地點
54	關聖宮	關聖帝	一百首靈籤	巍巍獨步向雲間	三義
55	天福宮	關聖帝	一百首靈籤	巍巍獨步向雲間	西湖—二湖村
56	德龍宮	關聖帝	一百首靈籤	巍巍獨步向雲間	五湖
57	五福廟	關聖帝	一百首靈籤	巍巍獨步向雲間	苗栗—銅鑼※
58	永昌宮	三官大帝	一百首靈籤	巍巍獨步向雲間	南庄
59	勸化堂	佛釋道諸神	一百首靈籤	巍巍獨步向雲間	獅頭山—
60	萬善祠	無主眾生	一百首靈籤	巍巍獨步向雲間	苗栗—頭屋
61	明德宮	三清大帝	一百首靈籤	巍巍獨步向雲間	苗栗—頭屋明德
62	東善堂	瑤池金母	一百首靈籤	巍巍獨步向雲間	苗栗—頭屋
63	法雲禪寺	玉佛	一百首靈籤	天開地闢結良緣	大湖●
64	保民宮	福德正神	三十六首靈籤	福如東海壽南山	竹南
65	五穀宮	神農大帝	六十首靈籤	此籤第一盡亨通	苗栗—銅鑼※
66	五穀宮	神農大帝	六十首靈籤	此籤第一盡亨通	苗栗—公館※
67	龍湖宮	玄天上帝	四十九首靈籤	飛龍變化喜逢時	苗栗—造橋※
68	義民廟—2	義民	三十首靈籤	純陽之數在臨行	苗栗市區※

　　以上顯示廟籤使用並無地域限制，又依各家寺廟主祀神明看，亦非獨家專用。

第三節　六十甲子聖母籤作者

　　《六十甲子聖母籤》究竟何人之作？劉玉龍略略提到；但未經論證。〔註8〕史上則未有記載，而其使用最早的年代，據陳易傳說法早於清·乾隆五十一年（西元 1786 年）〔註9〕，但不論其成詩時期是何？此套《六十甲子聖母籤》通行於大多數的媽祖廟、觀音廟、三官大帝……等，分析其平仄用韻情

〔註 8〕　見劉玉龍：《寺廟籤詩研究——以臺灣寺廟運籤爲主》，碩士論文，頁 48。
〔註 9〕　陳易傳：（財團法人泰安雄忠文教公益基金會執行董事）口述：《聖母籤》是蒐集在《幼學須知雜字采珍大全》書中，這套籤詩大約二百八十年前，清·乾隆五十一年就已存在臺灣當時地名叫「諸羅縣」的地方，籤名是《觀音佛祖靈感籤詩》爲觀音佛祖廟所使用，而後爲媽祖廟和其它相關廟宇延用至今且廣爲流傳。陳易傳私人收藏《聖母籤》木刻版一本。

形，先看押韻腳大部份爲特殊之押韻法，〔註10〕再就其平仄分析（見附錄一），句中有：合文人創作正格之平起。有仄起之首句入韻、首句不入韻者。亦有只論 2.4.6 字，合平仄之偏格作法之平起和仄起之首句入韻，首句不入韻者。有參雜類似臺灣歌仔戲曲調型式如同一字通押者〔註11〕，有完全不合平仄者，有平仄通押：同一首平起、仄起混合成詩者。

分述如下：

一、依韻腳區分成四類：飛雁入群格〈又稱孤鶴入群格〉，飛雁出群格〈又稱孤鶴出群格〉，合傳統文人之用韻格，完全不合韻腳。

二、依平仄看詩句分類：有整首詩合平仄，有部份詩文合平仄，有類似戲劇曲調式通押的詩句，有平仄完全不合者。

筆者再綜合三個角度探析如下：

一、詩文中出現平仄不諧的詩句，有別於正統文人的平仄格律，本文採唐·近體詩七言絕句；平仄標準（正格）歸類分析比較如下：

第 02 籤　平起首句入韻

　　　於今此景正當時
　　　看看欲吐百花魁
　　　若能遇得春色到
　　　一洒清吉脫塵埃

詩中第二句

　　　看看欲吐百花魁
　　　仄仄仄仄仄平平
〈正格〉仄仄平平仄仄平

第 04 籤　平起首句不入韻

　　　風怡浪靜可行舟
　　　恰是中秋月一輪
　　　凡事不須多憂慮
　　　福祿自有慶家門

詩中第四句

〔註10〕見《詩學概要》，林正三著，廣文書局 1998.07 初版，頁 73～88。

〔註11〕「七字調」係以七字組成一句，四句連押，與錦歌「四空仔」調淵源頗深，其曲調充滿羽、角的色彩。

福祿自有慶家門

仄仄仄仄仄平平

〈正格〉平平仄仄仄平平

第08籤　仄起首句不入韻

禾稻看看結成完

此事必定兩相全

回到家中寬心坐

妻兒鼓舞樂團圓

詩中第二句

此事必定兩相全

仄仄仄仄仄平平

〈正格〉平平仄仄仄平平

第18籤　仄起首句入韻

君問中間此言因

看看祿馬拱前程

求得貴人多得利

和合自有兩分明

詩中第二句

看看祿馬拱前程

仄仄仄仄仄平平

〈正格〉平平仄仄仄平平

第20籤　平起首句不入韻

前途功名未得意

只恐命內有交加

兩家必定防損失

勸君且退莫咨嗟

詩中第二句

只恐命內有交加

仄仄仄仄仄平平

〈正格〉仄仄平平仄仄平

第 35 籤　仄起首句不入韻

　　此事何須用心機
　　前途變怪自然知
　　看看此去得和合
　　漸漸脫出見太平

詩中第四句

　　漸漸脫出見太平
　　仄仄仄仄仄仄平
〈正格〉仄仄平平仄仄平

第 38 籤　首句仄起不入韻

　　名顯有意在中央
　　不須祈禱心自安
　　早晚看看日過後
　　即時得意在中間

詩中第三句

　　早晚看看日過後
　　仄仄仄仄仄仄仄
〈正格〉平平仄仄平平仄

第 39 籤　平起首句不入韻

　　意中若問神仙路
　　勸爾且退望高樓
　　寬心且待寬心坐
　　必然遇得貴人扶

詩中第二句

　　勸爾且退望高樓
　　仄仄仄仄仄平平
〈正格〉仄仄平平仄仄平

第 53 籤　平起首句不入韻

　　看君來問心中事
　　積善之家慶有餘

運亨貴子雙雙至

指日喜氣溢門閭

詩中第四句

指日喜氣溢門閭

仄仄仄仄仄平平

〈正格〉平平仄仄仄平平

第 55 籤　平起首句不入韻

須知進退總言虛

看看發暗未必全

珠玉深藏還未變

心中但得往徒然

詩中第二句

看看發暗未必全

仄仄仄仄仄仄平

〈正格〉仄仄平平仄仄平

第 58 籤　平起首句入韻

蛇身意欲變成龍

只恐命內運未通

久病且回寬心坐

言語雖多不可從

詩中第二句

只恐命內運未通

仄仄仄仄仄仄平

〈正格〉仄仄平平仄仄平

　　跟據民間戲團提供，有些籤句用閩南語讀音頗似歌仔戲的歌詞，歌仔戲的歌詞源自「錦歌」〔註12〕，而「錦歌」以「四空仔調」唱法最多，歌仔戲與福建泉州地方戲「梨園戲」關係甚密，其歌詞即以七言四句寫成，發展成今日臺灣歌仔戲唱腔的七字調。

　　什麼因由詩句頗似歌仔戲歌詞做法？在廟前演戲以酬神謝神，借此以娛

〔註12〕見大紀元文化網：http://news.epochtimes.com。

樂大眾，早已形成臺灣的習俗。

　　就上所述研判，在廟前表演的戲班人士，在演戲期間進出於廟是很平常，借住於廟也很順理成章，因此頗有可能編劇和製作歌謠的人提供意見，參與詩籤製作。

二、詩句使用「卜算」簡單易術〔註13〕，和「乩童」勸化世人用語

　　卜算術士習慣以星宿、生肖、時辰，化解和說明生命中運途不順暢和吉凶的現況，如：

第 05 籤

> 只恐前途明有變
>
> 勸君作急可宜先
>
> 且守長江無大事
>
> 命逢太白守身邊

　　詩中第四句，以星宿比喻此人命中有福。「太白」是神話傳說中的星名，又叫「金星」，繞著太陽運轉，早晨、傍晚都會出現，是晨星時稱「啓明」，是昏星時名「長庚」，《詩經·小雅》：「東有啓明，西有長庚。」，若依易經五行論，西方屬金，金色白，《天官占》經云：「太白者，西方之精，白帝之子，上公、大將軍之象也。」係福星，稱呼「太白金星」。

第 13 籤

> 命中正逢羅孛關
>
> 用盡心機總未休
>
> 作福問神難得過
>
> 恰是行舟上高灘

　　詩中第一句以星宿「羅孛」比喻運途困窘。天上的行星，有羅星和孛星，取其凶性比譬人生的不順，孛星是民間通稱的掃帚星，形狀奇特，因為時代巨變、改朝易代時多有出現，在卜相術中是命運逢乖舛不順的代表。加上羅星也是凶性強烈，「羅孛」更加突顯了禍不單行且衰到極點的運途。

〔註13〕卜算術士是早期的臺灣移民，從事的行業之一。見（日）片岡巖著，陳金田譯：《臺灣風俗誌·臺灣的巫覡·五·術師》，第九集第一章，台北：大立出版社，1981.1 月初版，頁532。

第 17 籤

　　舊恨重重未改爲

　　家中禍患不臨身

　　須當謹防宜作福

　　龍蛇交會得和合

詩中第四句以生肖「龍蛇」比喻時間、季節。是緊緊相鄰的兩年、兩月、兩日，或兩個時辰〈一個時辰單位以二小時計〉，意味接踵而至。

第 25 籤

　　總是前途莫心勞

　　求神問聖往是多

　　但看雞犬日過後

　　不須作福事如何

詩中第三句以生肖「雞犬日」比喻時間、季節。以季節說；雞犬可代表秋季，龍蛇則代表春季。

　　卜算與神廟自古就有密切關係，宋人・孟元老《東京夢華錄・卷三》描述；《相國寺・萬姓交易》文中記錄：

　　後廊皆日者，貨術傳神之類。〔註14〕

意思是在後廊，都是些命算占卦等江湖術士雲集之地，買賣的也都是這一類神奇的「法術」以及相關的書物等。

　　再則相命卜算術士容易採陰陽五行說，引用易經八卦原理；將時辰、生肖化入習慣用語來警示求問有疑者。

　　另一說法，民間乩童（神明代言人）亦會化用天干地支來代表生命吉凶交關的關鍵點以勸化求助有難者，其所用語言亦多是寬慰人心之話，如：

第 11 籤

　　靈雞漸漸見分明

　　凡事且看子丑寅

　　雲開月出照天下

　　郎君即便見太平

詩中第二句以時辰比喻事情或困境轉化的時間。依農民曆的說法，子丑寅代

〔註14〕見宋・孟元老等著：《東京夢華錄・相國寺萬姓交易》卷三，上海：中華書局，1962.5 月，第一次印刷，頁 19。

表：年支（鼠、牛、虎），月支〈十一月、十二月、一月〉，日支〈以十二天為單位〉，時支（「子」深夜十一點到凌晨一點，「丑」凌晨一點到三點，「寅」三點到五點）。

三、《靈應侯籤》與《六十甲子聖母籤》的關係：〔註15〕

《靈應侯籤》與《六十甲子聖母籤》內容頗多相似之處，少數有異，《靈應侯籤》詩句皆符合唐・七絕近體詩的平仄格律。

舉例分析如下（詩句相似處劃底線標示）（餘見論文附錄三）：

《靈應侯籤》	《聖母籤》
（21 籤）勸君忍耐莫蚶蠣	（03 籤）勸君把定心莫虛
衣祿天生自有餘	天註衣祿自有餘
和合重重常吉慶	和合重重常吉慶
時來終遇得明珠	時來終遇得明珠
（41 籤）只恐風波時有變	（05 籤）只恐前途命有變
勸君把舵最宜堅	勸君作急可宜先
長江靜守渾無事	且守長江無大事
如在蘆花淺水邊	命逢太白守身邊
（03 籤）命內愁逢羅索關	（13 籤）命中正逢羅字關
心機用盡總難安	用盡心機總未休
求神作福恨無效	作福問神難得過
好似行舟上急灘	恰是行船上高灘
（04 籤）富貴由來天註定	（19 籤）富貴由命天註定
心高氣傲恐難成	心高必然誤君期
安知便得人喜歡	不然且回依舊路
雲開月出始見明	雲開月出自分明
（06 籤）綠柳紅桃處處春	（31 籤）綠柳蒼蒼正當時
與君同得好光陰	任君此去作乾坤
開花結實無殘謝	花果結寔無殘謝
且聽黃鸝報好音	福祿自有慶家門
（09 籤）仙境原來不易逢	（49 籤）言語雖多不可從

〔註15〕《靈應侯籤》目前已很少見，只出現於澎湖縣和南臺灣少數廟宇，且這些廟宇都算臺灣早期神廟頗有歷史價值，如：澎湖馬公城隍廟、澎湖西嶼鄉內塹宮、台南府城隍廟，據民間說法，清朝時，民間懷念鄭成功，將其塑像藏於澎湖馬公和台南城隍廟中，讓城隍爺保護，百姓再入廟偷偷祭拜。

《靈應侯籤》　　　　　　　　　《聖母籤》

風雲起處好行龍　　　　　　　風雲靜處未行龍

暗中終得明消息　　　　　　　暗中終得明消息

隔卻蓬來只一重　　　　　　　君爾何須問重重

　　由此可知《聖母籤》與《靈應侯籤》的淵源頗深，兩者差異似乎係採錄其中一部份，加入修改部份及自創部份。至於孰先孰後，暫無可考。

　　但由以上三點分析又不免引發三種聯想：一是《聖母籤》原是一人創作，居於敬神之心，在乩童扶鸞時經由神明降臨修改，二是有民間藝人〈歌仔戲戲文創作者〉和命相卜算師的參與創作而成，再委請文人修改。三是創詩者具備易術常識，且懂得作詩原則，經常出入廟前先後寫了兩套籤詩。

　　目前保存的最早《六十甲子聖母籤》木刻版，製於清·乾隆五十一年；如下圖〔註16〕：

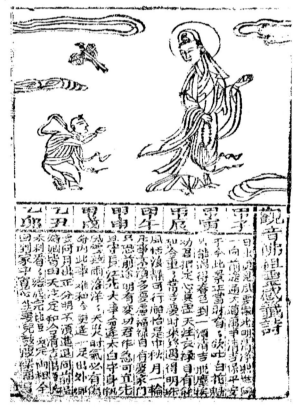

〔註16〕民間研究籤詩專家陳易傳先生，私人珍藏木刻本原名《觀音佛祖靈感籤詩》，
　　　　陳先生說：「封面上刻有清乾隆五十一年字樣」。

第三章 六十甲子聖母籤的結構

　　詩籤的形成，有其一定的結構，而最主要的項目，有籤題、籤文、籤詩和斷〈解〉等項目，本章將詩籤的主體結構依序分述於下：

第一節　籤題與籤文

一、籤題

　　每一首詩籤都有「籤題」，如：〈參右圖右下方〉

第 01 籤：「包文拯審張世眞」和「包公請雷驚仁宗」

　　（見附錄四－1）（本文 176 頁）

第 08 籤：「薛仁貴回家」

　　（見附錄四－2）（本文 177 頁）

第 21 籤：「朱壽昌辭官尋母」

　　（見附錄四－3）（本文 178 頁）

二、籤文

　　籤文是籤題的故事大意，但由詩籤紙張面積不大，通常不顯示於籤紙上，如：

第 01 籤：包文拯審張世眞（見附錄四－1）

　　籤文：包承宋合肥人，仁宗時知開封府，執法不阿。相傳；包公乃是文曲星下凡，把仙女張世眞當作妖女，請五雷欲打她，雷神認出是玉帝之女，四鳳姑。反打包文承，即刻白臉變黑面，幸而打開了

額頭上的天眼，官事完局。〔註1〕

第08籤：薛仁貴回家（見附錄四－2）

　　籤文：薛仁貴承奉尉遲恭讓印，封爲平遼大元帥。班師回朝加封平
　　遼王，就想回家探望妻子柳氏。在山腳射惡怪誤傷嬰兒，到家聽柳
　　金花說；仁貴始知其子，被自己所傷。王敖老祖掐指一算，曉得丁
　　山有難，還有父子相逢之日，於是救去仙山學藝。

第二節　籤詩

　　「籤詩」是詩籤最主要的成份，《聖母籤》每首以四句七言詩呈現，其內
容寫什麼？爲什麼寫？怎樣寫？籤詩用意不在賞玩、不在吟唱，其體例是特
殊的布局方式，句中多數具有安撫、鼓勵、勸戒的效果，本節將找出籤詩書
寫的原則，由句子形式、敘述模式、內容比喻等三方面，探討如下：

一、句子形式

　　每一句音節，均以2—2—3完成，例：

第07籤

　　雲開—月出—見分明

　　不須—進退—向前程

　　婚姻—皆由—天注定

　　和合—清吉—萬事成

第27籤

　　君爾—寬心—且自由

　　門庭—清吉—家無憂

　　財寶—自然—終吉利

　　凡事—無傷—不用求

二、敘述模式

　　「聖母籤」其敘述模式的整體營造，可以從「表現手法」和「安撫技巧」
兩方面探討：

〔註1〕參閱《古今通編天上聖母感應靈籤》，編輯人：許清泉，桃園〈慈護宮〉專用
　　　解籤本，私人印行，頁1。

〈一〉表現手法

每一首籤詩；猶如寫作文章的起、承、轉、合，從開頭到結尾，均有完整的敘述模式，且運用不同體例，呈現不同方式，並無一致的規定，分類舉例不同表現手法如下：

情境式：開頭先描寫景物，繼續烘托情境，然後進入正題，最後做出結尾，敘述模式呈現的形式例如：

第 01 籤

　描寫景物：日出便見風雲散

　烘托情境：光明清淨照世間

　進入正題：一向前途通大道

　做出結尾：萬事清吉保平安

第 04 籤

　描寫景物：風恬浪靜可行船

　烘托情境：恰似中秋月一輪

　進入正題：凡事不須多憂慮

　做出結尾：福祿自有慶家門

用此類敘事模式呈現的尚有：第 06、26、29、31、33、60 等籤。

導入式：又可分成四種類型：有先說明現象，繼而呼應現象，再提觀點，最後作出結論。有先說明現象，立即轉入勸慰，再提觀點，再作結論。有說明現象之後連用二句警語，再用語氣頗重的勸阻結尾，一層比一層深入，增強語言說服力來發展句與句的關係。有開頭結尾都好；卻於中間製造矛盾的反思。

敘述模式呈現的形式例如：

〈1〉先說明現象，繼而呼應現象，再提觀點，最後作出結論。

第 02 籤

　說明現象：於今此景正當時

　呼應現象：看看欲吐百花魁

　提出觀點：若能遇得春色到

　作出結論：一洒清吉脫塵埃

第 08 籤

　說明現象：禾稻看看結成完

　呼應現象：此事必定兩相全

提出觀點：回到家中寬心坐

作出結論：妻兒鼓舞樂團圓

此類相同敘述模式呈現的尚有：第 10、11、12、14、15、18、22、23、24、27、32、37、40、42、45、46、48 等籤。

〈2〉說明現象，進入勸慰，再提觀點，再作結論。

敘述模式呈現的形式例如：

第 26 籤

　　說明現象：選出牡丹第一枝

　　進入勸慰：勸君折取莫遲疑

　　提出觀點：世間若問相知處

　　作出結論：萬事逢春正及時

第 30 籤

　　說明現象：漸漸看此月中合

　　進入勸慰：過後須防未得高

　　提出觀點：改變顏色前途去

　　作出結論：凡事必定見重勞

此類相同敘述模式呈現的尚有：第 07、34、36、38、44 等籤。

〈3〉說明現象之後連用二句警語，再用很重的語氣勸阻做結尾，趨近於遞層感，且具有同性質、同範疇的加重警醒，且有秩序感的將語勢增強。

敘述模式呈現的形式例如：

第 13 籤

　　說明現象：命中正逢羅孛關

　　提出警語：用盡心機總未休

　　加強警語：作福問神難得過

　　再示警語：恰是行船上高灘

第 42 籤

　　說明現象：一重江水一重山

　　提出警語：誰知此去路又難

　　加強警語：任他改救終不過

　　再示警語：是非終久未得安

此類相同敘述模式呈現的尚有：第 09、10、20 等籤。

〈4〉開頭結尾都說好話中間製造矛盾的反思，此種敘述模式出現一首：

第 19 籤：

好話：富貴由命天註定

矛盾：心高必然誤君期

反思：不然且回依舊路

好話：雲開月出自分明

開門見山式：一開頭就直接點醒，不拐彎抹角，然後說明理由，再提供做法，最後用譬喻做結尾，敘述模式呈現的形式例如：

第 03 籤

直接點醒：勸君把定心莫虛

說明理由：天註姻緣自有餘

提供做法：和合重重常吉慶

譬喻結尾：時來終遇得明珠

第 05 籤

直接點醒：只恐前途明有變

說明理由：勸君作急可宜先

提供做法：且守長江無大事

譬喻結尾：命逢太白守身邊

此類相同敘事模式呈現的尚有：第 16、25、27、28、30、35、37、38、39、41、47、49、50、51、52、53、55、56、57、58、59 等籤。

其他：也有表現手法，前後句無法連貫，語法使用似不相合，如：

第 17 籤

說明現象：舊恨重重未改爲

不連上句：家中禍患不臨身

不連上句：須當謹防宜作福

作出結論：龍蛇交會得和合

第 21 籤

說明現象：十方佛法有靈通

不連上句：大難禍患不相同

不連上句：紅日當空常照耀

作出結論：還有貴人到家堂

第 54 籤

　　說明現象：孤燈寂寂夜沉沉

　　不連上句：萬事清吉萬事成

　　不連上句：若逢陰中有善果

　　作出結論：燒得好香達神明

因時制宜，問題不同，信眾接受指點的方式因個性不同的差異，就好像因材施教，導致點化勸解的方式有別，而產生如上多種方法，整套籤詩第一首以「日出」起句，到第六十首以「月出」做結，象徵信民一天的生活由日出而作；日落而息，可能經歷的生活事件、煩惱和不順，都能夠得到神明的幫助和解決。

〈二〉安撫技巧

　　籤詩既是給信眾修復受傷的心靈及徬徨無助時的憑藉，以排難解疑功能的角度，在《聖母籤》看到多種安慰類型：有直接安撫內心的，有直接指點做法的，有勸其面對現實、接受現實的、有勸其不一定完全靠神也可接受人助的，在在顯示人碰到問題時，其解決之道有些是要轉換觀念、改變想法，有些則要徹底改變行為或調整做法，有些則肯定是要人的幫助，有的則只要順天意而行即可，舉例如下：

　　1. **直接安撫內心的**

　　　　第 04 籤：凡事不須多憂慮

　　　　第 14 籤：寬心且看月中桂

　　　　第 43 籤：君爾寬心莫遲疑

　　　　第 52 籤：不須掛念意懸懸

　　2. **指點做法的**

　　　　第 08 籤：回到家中寬心坐

　　　　第 19 籤：不然且回依舊路

　　　　第 10 籤：勸君不用向前途

　　　　第 39 籤：勸爾且退望高樓

　　3. **面對現實、接受現實**

　　　　第 07 籤：婚姻皆由天註定

　　　　第 23 籤：只恐魚水不相逢

　　　　第 28 籤：世間凡事何難定

　　　　第 48 籤：只恐命內運未通

4. 不一定完全靠神，也可接受人助

第 12 籤：必有貴人相扶助

第 15 籤：看看晚景遇文王

第 18 籤：若得貴人多得利

第 21 籤：還有貴人到家堂

5. 順天意即可的

第 15 籤：目下緊事休相問

第 16 籤：不須作福不須求

第 23 籤：命內自然逢大吉

第 25 籤：求神問聖杙是多

有些人，得到內心的支持即能再度燃升生命力量，有些人則要制止其行動勸其改變做法方能醒悟，有些人還要更明確接受人的協助，有些則不用費心多想也不需要多做，只要用心等待，讓時間來改變一切，籤句也顧及求助者的諸多面貌。

三、內容比喻

詩句內容多處採用「比興、譬喻」式的象徵手法，尤其以大自然日、月、風、雲、花等比喻貴人或困境或時機，以動物如龍、蛇、虎、雞、犬等五行術語點化時間的運用和對困難的化解，雖然採用極其簡單的興寄、托喻，卻能巧妙的產生安慰力量，舉例如下：

第 09 籤

龍虎相隨在深山

君爾何須背後看

不知此去相憂悞

他日與我却無干

詩中第二句，「龍虎」龍能興雲雨，利萬物，古又稱君王，虎威猛雄壯，兩者皆可比喻傑出之人士，非常之人，或有名望有權勢的人，可當歲君，東方之星，於地勢形容山勢高大，形容感情則稱殊愛或殊寵。

第 58 籤

蛇身意欲變成龍

只恐命內運未通

久病且作寬心坐

言語雖多不可從

詩中第一句「蛇變成龍」本有進階和高升的意思，蛇居地下，指地位卑微，升遷要相當的努力和好的機緣，所謂天時，地利、人和等的成功要素，方告完成。

　　如上所述詩句以不同形式完成比喻，其用意；均以含蓄、溫和的語言來突破困境，完滿人生。

第三節　斷（解）

　　「聖母籤」籤解中的「斷」是判斷其意，「解」是解說其文，幫助信眾明白籤所顯示的意思，所以每一首詩籤都有（一）「斷曰」和（二）「解曰」的解籤事項，和（三）「解說」是更白話的斷、解說明。

　　舉例第 01 籤說明如下：

（一）「斷曰」（見附錄四－1）

風調雨順　金城湯池　財源鞏固　客路雍熙　應試如意　結婚齊眉
首簽既得　事事咸宜

（二）「解曰」（見附錄四－4）

作事：難成。病人：未日癒。尋人：月光在。六甲：生男難療。。
歲君：清吉。詞訟：平和、事事在援。年冬：平常。移居：得安。
求財：清微。大命：平安。失物：左方。功名：有。婚姻：允成。
求雨：尚求。

（三）「解說」

抽到此籤表示謀望難成，但是不可灰心，只要鍥而不捨，繼續追求，認真努力，自然有成功的一天。問功名，有志竟成，問婚姻，有情人終成眷屬。問訴訟，若蒙冤曲必能獲平反。〔註2〕（見附錄四－5）
只要太陽一出來，一切邪氣隨即煙消雲散。它的光明清境無比，普照世間。凡人願向正道、做事殷勤，問心無愧。將來之景況，神明

〔註2〕見葉山居士著：《六十甲子籤詩解》，台中：創意出版社，1972.08 初版，1984.03
　　　四版，頁3。

及上天自會保佑你的。〔註3〕（見附錄四－1）

「解曰」和「解說」兩項是屬於「斷曰」的補強性的解釋，有的詩籤還附上「占驗」是舉例說明曾經抽得該籤者所得結局，以證該籤之靈驗。〔註4〕

如：

> 某公務員因案被停職，至某處媽祖廟抽得此籤，一看「日出便見風雲散，光明清境照世間」句，心裡便很感安慰，知道明鏡高懸，必得清白。果然未久即獲法院平反，仍復原職。（見附錄四－5）

〔註 3〕見許清泉編：《古今通編天上聖母感應靈籤》，私人印行，無出版公司，無出版日期，「桃園慈護宮」解籤本，頁1。

〔註 4〕見葉山居士著：《六十甲子籤詩解》，台中：創意出版社，1972.08 初版，1984.03四版，頁3。

第四章　六十甲子聖母詩籤中的故事

第一節　詩籤故事的分類和論述假設

每一首《聖母籤》至少附帶一則故事，各地各廟引用故事來源頗富彈性，如下例：

同一首《聖母籤》卻引用不同故事，例：

竹、苗地區「慈裕宮」第二籤所引用故事是：「陳東初祭梅、趙子龍救阿斗」。

桃園地區「慈護宮」第二籤所引用的故事則是：「薛蛟薛葵房州遇彩樓得繡球」。

此外，也有同一則故事配在不同《聖母籤》的情形，例：「薛剛踢死太子驚崩聖駕」，桃園地區配在「第十七籤」，竹苗地區配在「第六十籤」。

因而使得故事配籤的取材呈現多元現象，據王文亮的調查，《聖母籤》中故事有七套之多。〔註1〕

故事與籤詩是否配合？陳威伯和施靜宜對故事與廟籤，提出各地差異原因在於傳抄過程對故事的錯置或廟方解籤員方便解說而自行調換的結果，因而推測可能有較早之原始版，又說目前保存的故事與籤之間有某些相關；某些不一定相關的觀點。〔註2〕

〔註 1〕 見王文亮：《臺灣地區舊廟籤詩文化之研究——以南部地區百年寺廟為主》（臺南師範學院碩士論文，2000 年），頁 189。

〔註 2〕 見陳威伯・施靜宜：〈北港媽祖廟籤研究〉，收入陳哲聰主編：《2006 國際海洋文化研討會會後論文集》（台南耀昇企業社出版，2007.10 一版一刷），頁 138～142。

　　故事運用在解籤時該取用多少範圍？隨解籤者對故事的熟悉程度深淺不同而異。也有些廟方沒有引用故事輔助解籤，例：新竹縣北埔鄉「慈天宮」。

　　本章詩籤故事探討重點：

　　一、故事來源和故事分類。

　　故事來源例：柳毅，**出處**：唐·李朝威撰《唐人傳奇·柳毅傳》。

　　故事分類例：如：蘇秦是歷史故事，《梁山伯與祝英台》、《白蛇傳》是民間傳說，《銅銀買紙襪》是民間俚諺等。

　　二、略舉數例敘述故事演變過程，例：趙子龍救阿斗，其「故事內容」和「故事名稱」如何由正史演變到平話再到小說演義，最後到戲劇演出。

　　三、酌量針對故事取材與籤詩的對應有過於懸殊者，提出討論，例：第37籤，依籤詩看是好籤，配的故事「正德君戲李鳳姐」依籤文所述反而不吉。差異甚大，因此故事引用範圍應予修正。

　　四、故事探討有得出新的提醒方向增加輔助解籤的，再做論述，例：第17籤《莊子劈棺》若能從另一角度思考運用，將可擴大點化信眾的功能。

　　《聖母籤》故事，竹苗地區以「慈裕宮」、桃園地區以「慈護宮」為代表，匯集如下表：

籤序	竹苗「慈裕宮」	桃園「慈護宮」	籤序	竹苗「慈裕宮」	桃園「慈護宮」
1	包公請雷問仁宗	包文極審張世眞	9	龍虎軍鬥	龍虎相會
2	陳東初祭梅 趙子龍救阿斗	薛蛟薛葵旁州 遇採樓得繡球	10	岳飛掠秦檜	奉吟受災
3	朱德武 入寺相分明	崔文德胡鳳嬌 到家空成婚	11	韓文公過秦嶺 湘子掃霜雪	高俅楊戩當權
4	盧龍王 次女招親	趙子龍重圍救 阿斗	12	劉智遠戰瓜精	桃花女流勿太歲
5	王剪戰袁遠	韓文公過秦嶺 遇霜雪凍	13	撐渡伯行傳遇 太歲	三藏被紅孩兒燒
6	老鼠精亂宋朝	劉智遠戰瓜精	14	桃園三結義	曹公賜雲長 馬袍贈金銀
7	國公暗察白袍將	尉遲恭掛帥	15	渭水河太公釣魚	渭水河太公釣魚 〈武吉挑柴打死 人〉
8	薛仁貴回家	薛仁貴回家	16	李世民遊地府	李世民遊地府

籤序	竹苗「慈裕宮」	桃園「慈護宮」	籤序	竹苗「慈裕宮」	桃園「慈護宮」
17	姜尙未卜吉凶事莊子劈官	薛公大鬧花燈踢死太子驚崩聖駕	35	吳漢殺妻爲母救主	吳漢殺妻爲母救主
18	楊管醉玉全坐馬	秦叔寶救李淵	36	薛仁貴救駕	李世民落海難
19	紅孩兒截住路頭	范丹未出身妻殺九夫	37	正德君看綠牡丹開	正德君戲李鳳姐
20	孫悟空大難火災	薛丁山著飛刀	38	劉備三請孔明三顧茅廬	三請孔明先生
21	朱壽昌尋母在長亭	朱壽昌辭官尋母	39	楊文廣被困柳州城	孔夫子小兒答
22	周文王爲姜太公拖車	周文王爲姜太公拖車	40	三元會葛其量夫妻相會	郭子儀七子八婿夫妻祝壽
23	周玉姐可遇陳春生	姜子牙送飯爲武吉掩卦	41	王小姐爲色事到禍審英月	闍雞拖木屐三伯探英台
24	秦叔寶救李淵	孟良焦讚救宗寶	42	孟姜女送寒衣哭倒萬里長城	孟姜女送寒衣哭倒萬里長城
25	鳳嬌觀音庵問籤中奸臣計	胡鳳嬌觀音寺行香求籤	43	偶才母子井邊相會	蘇秦初遊列國難討進身
26	范丹洗浴遇賢妻	薛丁山破收飛刀	44	洪益春留傘愛陳三	洪益春留傘愛陳三
27	胡完救文氏母女	崔文德請胡鳳嬌	45	孔子過番逢小兒	薛仁貴因白虎關父子不相逢
28	李存孝打虎	楚項羽烏江自刎	46	江中立欽賜狀元	狄仁傑興大唐作武則天官後入相
29	古城會關公斬蔡陽	關雲長斬蔡陽	47	劉永做官蔭妻兒	李三娘井邊會
30	薛丁山三請樊梨花	薛丁山三請樊梨花	48	蜻蜓飛入蜘蛛網	蜻蜓誤入蜘蛛網
31	孟姜女招親	董永皇都市仙女送孩兒	49	蘇小妹答佛印	蘇小妹答佛印
32	龍虎交會	孫臏陷五雷陣	50	小兒路遇惡鬼	小兒遇三煞
33	銅銀買紙襪	劉備入東吳進贅	51	趙玄郎河東大戰龍虎關	趙匡胤困河東
34	曹公潼關遇馬超	曹操潼關遇馬超	52	薛仁貴回家遇丁山	上帝公救龜蛇

籤序	竹苗「慈裕宮」	桃園「慈護宮」	籤序	竹苗「慈裕宮」	桃園「慈護宮」
53	蘇秦夫妻相會	蘇秦再遊列國回家假不第	57	白蛇精遇許漢文	龐涓孫臏學法
54	念月英求佛嫁良緣	小姐求佛嫁良緣	58	白蛇精詐言往南海遇許漢文	袁達入照國關
55	郭華醉酒誤佳期	玉堂春求佛嫁良緣	59	董永皇都市仙女送孩兒	老鼠精鬧宋朝
56	楊戩得病在西軒	楊戩得病	60	薛剛踢死太子驚崩聖駕	楊六婿斬子

就以上故事，假設下列四點論述條件：

一、同一首籤詩，若有兩廟宮選用故事不同情形，均在「籤題」後，以（竹苗）、（桃）識別。

二、「籤文」選用通俗解籤本為底本〔註3〕，依故事內容區分為：

　　（一）歷史故事以同源分類的有：姜子牙的故事、蘇秦的故事、三國人物的故事、薛仁貴的故事、楊家將的故事、包公的故事。

　　（二）歷史故事以朝代分類的有：秦漢以前。隋、唐、五代。宋至明等。

　　（三）神魔故事有「西遊記」的故事。民間傳說有「孟姜女」、「白蛇傳」、「梁山伯與祝英台」、「牛郎與織女」等。

　　（四）戲曲故事如：「玉堂春」的故事、「二度梅」的故事、「白兔記」的故事等。

　　（五）俚諺、民俗和其他故事、出處待考故事等。

三、對於故事「出處」的處理假設條件有：

　　（一）故事人物歷史上真有其人者，依其人物「真實生存朝代」做為分類標準，例如王翦生存於秦，秦叔寶生存於唐，岳飛生存於宋，此三人依秦、唐、宋三朝歸類。

　　（二）故事人物史無記載，僅是小說、戲劇杜撰，或無人物出現的俚

〔註3〕籤文來源有三：1. 籤題多數有出現於桃園「慈護宮」者，採用許清泉《解籤本》原文。2. 少數未見於「許本」則採錄自：王文亮《南瀛籤詩故事誌》台南縣政府出版，2006.04 初版。3. 陳清和著：《談籤詩說八卦》，嘉義：玩索讀書會策劃，陳韻如出版，2003.05 出版。其中第 2 和第 3 本由於籤文相當冗長，僅節錄大意，且於文末標示代號：王本（2），陳本（3）。

語、民俗，依民間傳說及故事，俚語民俗等分類（包括小說、戲曲、口傳）。

（三）為解決同一首籤有兩則故事和不同故事的問題，本文將以「故事」為單位，再依籤序排列，若故事內容相同但籤題名稱有別者，例如：第 2 籤（竹苗）趙子龍救阿斗和第 4 籤（桃）趙子雲重圍救阿斗。第 48 籤（竹苗）蜻蜓飛入蜘蛛網和（桃）蜻蜓誤入蜘蛛網。第 15 籤（桃）渭水河釣魚武吉挑柴打死人和第 17 籤（竹苗）姜尚未卜吉凶事。

以上三組例子故事內容一樣，所以將六則籤題合併成三則故事處理。

四、有關模糊故事

筆者考訂竹南「慈裕宮」第 05 籤和第 40 籤的模糊故事：

1. 第 05 籤：「王翦戰袁遠」，「遠」有誤，應做「達」，但此故事以其年代和歷史事蹟推算，王翦不可能飛越時空戰袁達，因此判斷是兩則故事。

　　一是「孫臏戰（三放）袁達」，孫臏是戰國人，歷史上有兩次有名的戰役。杜陵之戰（西元前 354）、馬陵之戰（西元前 342），最後成功誘殺龐涓，報回當年被害之仇，當時袁達是野人；被孫臏收服；成為手下七名大將之一，力戰龐涓有功。

　　二是「王翦攻楚」王翦（西元前 220）則是戰國後期的人，替秦王‧嬴政，立下開國之功。

2. 第 40 籤：「三元會葛其量夫妻相會」此籤引用的亦是兩則故事：

　　一是「三元會」故事主角是商輅，明朝共有 89 名狀元，商輅是唯一的一名「三元及第」者。

　　二是「葛其量夫妻相會」應為「萬杞良夫妻相會」描述孟姜女故事的前半段夫妻相遇過程，而婚後的「杞良充軍」則是「孟姜女送寒衣」的故事。

　　「葛其量」應是「萬杞良」之誤，筆者判斷是因為印刷學徒，在印製籤紙過程中挾「鉛字模」製版時，同為「艸」部首，「萬」字誤挾「葛」字，再因識字不多，「杞良」只聽其音未見其字，就直接挾了「其量」兩字，經年累月留下錯誤版本，失了真實。

經過考訂，乃將故事「王翦戰袁遠」和「三元會葛其量夫妻相會」分化成四則：1.「孫臏戰（三放）袁達」2.「王翦攻楚」3.「三元會」4.「萬杞良夫妻相會」。

依照上述四點假設條件，將「慈裕宮」和「慈護宮」兩宮《聖母籤》中的故事處理合併得九十則，分類如下表：

籤題分類	籤題數量	籤題分類	籤題數量
歷史故事以同源分類	31	俚諺	3
歷史故事以朝代分類	8	民俗和其他故事	5
神魔和民間傳說	8	待考證故事	6
戲曲故事	19	合　計	90

將詩籤的「籤題」、「籤文」兩項，依廟方提供資料整理、歸類，再將故事尋找主要來源列於「出處」，為合乎資料的完整性，將盡可能加入次要來源輔助佐證。

若故事有符合下列條件者：

一、經時間演變，二、籤文對應解籤有不甚理想的，三、找到新觀點可輔助解籤的，均加案語說明。

因此每則故事列有：

一、「籤題」

二、「籤文」

三、「出處」

四、「案」。

整理如下：

第二節　歷史故事（一）以同源分類

依歷史脈絡，每個朝代都有值得歌頌的英雄豪傑，這些膾炙人口的歷史人物，先經由見於史冊，加上其英雄事跡、真假參半，再經由民間說書講史、戲劇傳播、小說鋪陳、演義變化，或文字記載或口耳相傳，匯聚成歷史故事，編輯成冊。也由此看出民眾喜愛故事的熱烈和人物崇拜、效法英雄的心理，留下民族精神楷模。

　　本節論述的故事有：「姜子牙的故事」、「蘇秦的故事」、「三國人物的故事」、「薛仁貴父子的故事」、「楊家將的故事」、「包公的故事」，分述於下：

姜子牙的故事

籤題：第 15 籤　渭水河姜太公釣魚

籤文：姜子牙於 72 歲娶 68 歲的馬氏，爲營謀生計做了很多事均不成，最後以卜卦爲業出名，因揪出琵琶精得罪妲己。躲避紂王追捕，隱居蹯溪。釣魚待時機。

出處：漢‧司馬遷《史記‧齊太公世家第二》卷三十二。〔註4〕

案：姜太公於渭水釣魚確有其事，史書有載姜子牙即太公望呂尙本姓姜氏，從其封姓，故曰呂尙，當時因窮困，年老、妻惡，乃釣魚爲生，有一天周西伯（文王）因夢而獵西伯，果遇太公於渭陽。

　　又載：太公博聞，嘗事紂。紂無道，去之。武王興周定天下，太公之謀計居多，乃師尙父。

　　故事亦見《新刊全相平話武王伐紂書‧武王伐紂》卷下圖目：文王求太公、太公下山。〔註5〕

　　《新刊全相平話》載：

　　　文王賞武吉，更加武吉爲隨駕左右，武吉引文王出獵巡狩尋賢，
　　　武吉引駕求賢去也，卻說姜尚在磻溪岸上手持釣鈎；自嘆曰：吾
　　　老矣！年已八十，未佐明君，非釣魚尺，釣賢君，自吟詠一首：
　　　吾今未遇被妻休，渭水河邊執釣鈎，只釣明君興社稷，終須時至
　　　作王侯。〔註6〕

遂於臺灣早期戲台演出有一段描繪：「姜子牙釣魚鈎離水三尺高，言：願者上鈎：不願者回頭」，傳爲美談。

　　故事另有普及版：明‧陸西星《封神演義‧渭水文王聘子牙》第二十四回。

〔註4〕見（漢）司馬遷撰（宋）裴駰集解：《史記》（台北：宏業書局出版，1990.10再版），頁 1478。

〔註5〕見（元）不著撰人：《全相平話武王伐紂書、全相平話樂毅圖齊七國春秋後集、全相秦併六國平話、全相平話前漢書續集、全相平話三國志》歷史通俗演義全集（台北：國立中央圖書館編印 1971.10 初版），頁 59～66。

〔註6〕見（元）不著撰人：《全相平話武王伐紂書、全相平話樂毅圖齊七國春秋後集、全相秦併六國平話、全相平話前漢書續集、全相平話三國志》歷史通俗演義全集（台北：國立中央圖書館編，1971.10 初版），頁 55～58。

籤題：第15籤（桃）渭水河釣魚武吉挑柴打死人

第17籤（竹苗）姜尚未卜吉凶事

籤文：武吉擔柴放下溪邊少憩。子牙釣魚，回頭看他氣色不好，叫他不要進城。武吉不信，行至南門，肩擔塌了一頭打死人。幸有散宜生討保，孝子武吉暫得出獄。再往渭水河哀求子牙救命。子牙壓星解救武吉。

出處：元‧不撰人《新刊全相平話》〈武王伐畫書〉圖目：剪箕子髮、太公弃妻〔註7〕

案：其故事在平話書中最後留有一首詩，完全點出故事重點：

傷人武吉當償命，七歲來知慰親，渭水河邊求得討，果然應卦得存身

這段故事重點原是強化姜子牙的不凡能力與高超智慧，用在解籤上目的在可遇貴人，和提醒當事人小心謹慎。

亦見，明‧陳繼儒《春秋列國志傳‧姜子牙代武吉掩靈》第一卷，第五目。

籤題：第22籤（竹苗）文王爲姜太公拖車、（桃）周文王拖車

籤文：文王夢飛熊，宣召大夫問其夢主何吉凶。散宜生躬身賀喜，大王主得棟樑之臣。後來文王求賢遠出溪頭，子牙八十運才來，在渭水文王聘請他做護國軍師。據民間傳說；文王爲子牙拖車，拖到七十二步就拖不動，以大小算，便知周家煌基固，九五爲尊八百年。

出處：明‧陸西星《封神演義‧渭水文王聘子牙》第二十四回〔註8〕

籤題：第23籤（桃）姜子牙送飯爲武吉掩卦

籤文：武吉挑柴誤傷人命，即時拿住來見文王。在南門畫地爲牢，將武吉監禁。武吉思母無依，放聲大哭。孝慈則忠，散宜生上奏：「且放武吉歸家，再等秋後以正國法。」此時武吉再來見子牙，苦苦哀求。子牙一展絲綸手，掩蓋武吉本命星才得救。

出處：明‧陳繼儒《春秋列國志傳‧子牙代武吉掩靈》卷一‧第五回〔註9〕

〔註7〕 見同註6頁55～58。

〔註8〕 見（明）陸西星：《封神演義》（台北：臺灣文源書局出版，1988.6再版），頁190～199。

〔註9〕 見（明）陳繼儒：《春秋列國志傳》（上海：上海古籍出版社，1990.8出版，頁248～260。

蘇秦的故事

籤題：53 籤（竹苗）蘇秦夫妻相會

籤文：蘇秦能言善道，反應靈敏，拜師鬼谷子，欲出遊各國展抱負，家人反
對，唯弟勸就近事周，未成，財盡而返，家人不理。蘇秦感慨之餘取
出鬼谷子贈書《太公陰符》苦讀後，蘇秦擋路謁見燕文公，提出聯合
六國抗秦策略，文王封蘇《全權特使》。蘇秦佩帶「六國相印」光榮返
鄉，家人態度改變。〈2〉

出處：《戰國策・秦策》

案：《戰國策・秦策》蘇秦記載較簡捷，至漢・司馬遷《史記・蘇秦》卷六十
九・列傳第九，更為詳備，節錄如下：

> 蘇秦者，東周雒陽人也。出游數歲，大困而歸，兄弟嫂妹妻妾竊皆
> 笑之，曰：「周人之俗，治產業，力工商，逐什二以為務。今子釋本
> 而事口舌，困，不亦宜乎！」蘇秦聞之而慚，自傷，乃閉室不出，
> 得周書《陰符》，伏而讀之，期年以出揣摩，曰：「此可以說當世之
> 君矣。」初至秦，秦不能用。乃往說燕趙諸王，六國從合一拒秦。
> 蘇秦為從約長，并相六國。行過雒陽，車騎輜重擬于王者。周顯王
> 除道，使人郊勞。蘇秦之昆弟妻嫂側目不敢仰視。蘇秦笑謂其嫂，
> 曰：「何前倨而後恭也」嫂委蛇蒲服，以面掩地而謝曰：「見季子位
> 高金多也。」〔註10〕

蘇秦劇中最被塑造成「勤習多智」的英雄形象，較出名的戲有如：〔註11〕
金院本〈衣錦還鄉〉一本，見《輟耕錄》。元明南戲〈蘇琴戲文大全〉一本，
見《寶文堂書目》。元雜劇有無名氏〈凍蘇秦衣錦還鄉〉一本，見《元曲選》
本。明傳奇有蘇復之《金印合縱記》一本，《玉夏齋傳奇》本。

亦見於說書，極其生動，用在解籤當是勸人堅忍努力，持之以恆。

籤題：第 43 籤（桃）：蘇秦初遊列國難討進身

籤文：洛陽蘇秦初遊列國，不討個進身徒步而歸。全家舉目雖親，盡不親。
自己忽悟乃閉戶，晝夜不息的研究「太公陰符」夜倦欲睡則拿錐自刺

〔註10〕見（漢）司馬遷撰（宋）裴駰集解《史記》（台北：宏業書局出版，1990.10
再版），頁 2243。

〔註11〕見陸侃如、馮沅君等：《南戲拾遺》（台北：進學書局，1969.11 影印），頁 172
～173。

大腿，血流至腳。如此一年熟讀「陰符」有悟，然後再遊列國，直到
榮膺六國都丞相，得意歸鄉。

出處：同《蘇秦夫妻相會》

籤題：第 53 籤（桃）蘇秦再遊列國回家假不第

籤文：蘇秦說列國，欲再往秦國，回想秦王倘復如前不敢收用，何面復歸故
里。於是改變方針，一擯秦之策，必使列國同心協力以孤秦勢，方可
自立。蘇秦以此策奠安六國。於是六王合封蘇秦爲從約長，兼佩六國
相印，榮歸故鄉祭祖。

出處：同《蘇秦夫妻相會》

三國人物的故事

「三國」是臺灣早期社會，民眾最喜愛的故事，用了戲劇形式及說書等
方式〔註12〕，興盛於農、漁等信民居住的村落間，其人物最早見於《三國志》
是一部記載三國歷史的著名史書，三國在東漢末年算是一個短暫的割據時
代，但留下許多歷史有名人物的英雄事蹟，自宋代起就不斷以藝術形式流傳，
諸如：平話、小說、戲曲等，在《建安虞氏新刊〈新全相三國志平話〉敘錄，
喬衍琯》有一段敘述：

> 書中所敘黃巾之亂，桃園結義，張飛鞭打督郵，王允用連環記使呂
> 布殺董卓，轅門射戟，關公護嫂，關公斬顏良文丑〈醜〉蔡揚等，
> 古城會，三顧茅廬，趙雲救阿計〈斗〉，借東風，火燒赤壁，關公單
> 刀赴會，七擒孟獲，斬馬謖等事，都爲後來的三國演義加以渲染，
> 成爲家喻戶曉的故事。〔註13〕

由上更加證明民眾的喜愛程度，但史實，小說，戲曲的情節多少有些不
同，本節略舉說明其演化過程。

籤題：第 2 籤（竹苗）趙子龍救阿斗、第 4 籤（桃）趙子雲重圍救阿斗

籤文：趙雲、字子龍，事劉先主爲將，先主爲曹軍敗於長坂，棄妻子南奔。在

〔註12〕據耆老說法：說書人亦是早期臺灣盛行的一種行業。又見（日）片岡巖：《臺
灣風俗誌》（台北：大立出版社，1981 年 1 月出版），頁 119。

〔註13〕見（元）不著撰人：《全相平話武王伐紂書、全相平話樂毅圖齊七國春秋後集、
全相秦併六國平話、全相平話前漢書續集、全相平話三國志》歷史通俗演義
全集（台北：國立中央圖書館編印，1971.10 初版），頁 357。

萬軍中，甘夫人與後主皆得雲救而免難；先主嘗曰：子龍一身都是膽。

出處：晉‧陳壽《三國志‧趙雲》第三十六卷

案：趙雲在民間是一個「忠勇」的英雄化身，劉備稱其忠為：「子龍從我於患難，心如鐵石，非富貴所能動搖也。」曹操贊其勇為：「真虎將也！吾當生效之。」

由正史：《三國志》，到平話：《全相平話三國志》卷中：趙子雲抱太子。和《三國演義》第四十一回：劉玄德攜民渡江，趙子龍單騎救主。可以看故事流傳，變化過程（節錄片段情節比較）：

1. **正史記載**：

   趙雲身長八尺，姿顏雄偉，字子龍常山真定人也，本屬公孫瓚，瓚遣先主與田楷，拒袁紹，雲遂隨從為先主主騎，及先主為曹公所追於當陽長坂，棄妻子南走，雲身抱弱主，即後主也，保護甘夫人，即後主；母也，皆得免難，還為牙門將軍，先主入蜀，雲留荊州。〔註14〕

2. **三國志平話**：

   趙雲用硬弓一箭射死關靖，趙雲扶起太子上馬，又抱太子南走至當陽長坂上數里，迎見張飛；言曰：太尉當救阿計，趙雲言：皇叔家族二夫人皆死，只報太子回見皇叔。趙雲南行見皇叔禮畢言：甘妃梅氏皆為曹公所殺，亂軍中救太子而脫，趙雲抱太子見皇叔。〔註15〕

3. **三國演義**：

   糜夫人曰：「妾身委實難去，休得兩誤。」乃將阿斗遞與趙雲曰：「此子性命全在將軍身上！」趙雲三五次，請夫人上馬，夫人只不肯上馬，四邊喊聲又起。雲屬聲曰：「夫人不聽吾言，追軍若至，為之奈何？」糜夫人乃棄阿斗於地，翻身投枯井中而死。後人有詩讚之曰：戰將全憑馬力多，步行怎把幼君扶？拼將一死存劉嗣，勇決還虧女丈夫。趙雲見夫人已死，恐曹軍盜屍，便將土牆推倒，掩蓋枯井。掩訖，解開勒甲滌，放下掩心鏡，將阿斗抱護在懷，綽槍上馬。〔註16〕

〔註14〕見（晉）陳壽著（宋）裴松之注：《三國志》（台北：藝文圖書公司，1982，5月出版），頁812～815。

〔註15〕見（元）不著撰人：《全相平話武王伐紂書、全相平話樂毅圖齊七國春秋後集、全相秦併六國平話、全相平話前漢書續集、全相平話三國志》（台北：國立中央圖書館編，1971.10初版），頁417。

〔註16〕見（元）羅貫中：《三國演義》（台南：世一文化公司出版，1990.02初版，1996.4

　　上三段描述後主之母的遭遇有別，目的均在強調趙雲在危急時救後主之勇與智的表現，續看故事名稱的演變，三國志平話「趙子雲抱太子」，三國演義「劉玄德攜民渡江，趙子龍單騎救主」，民間戲劇則以「長坂坡」或「趙子龍單騎救主」或「趙子龍救阿斗」演出。

　　而籤題名稱「趙子龍救阿斗、趙子雲重圍救阿斗」，十分接近戲劇名稱。

籤題：第 9 籤（桃）龍虎相會

籤文：龍虎相會，謂氣類相感。易乾；「雲從龍，風從虎。聖人作而萬物覩」，世亦以此喻君臣之遇合。相反的龍虎軍鬥，美中不美，且看桃園三結義。逢曹操東征，手足似瓜分。直到古城會君臣重聚義，正如龍虎會風雲。

出處：元‧不著撰人《全相平話三國志卷之上‧關張劉相會》

案：《全相平話三國志卷之上》有一段故事形式記載的關公、張飛二人初識情節，是最早的野史史料〈節錄〉：

> 話說一人姓關名羽字雲長乃平陽莆州鮮良人也，生得神眉鳳目蚪髯，面如紫玉，身長九尺二寸，喜看春秋左傳，觀亂臣賊子傳便生怒惡。

> 卻說有一人姓張名飛字翼德，乃燕邦涿郡范陽人也，生得豹頭環眼燕頷虎鬚，身長九尺餘，聲若巨鐘；家豪大富，因在門首閒立，見關公生得狀貌非俗，衣服藍縷，非似本處人。

> 飛邀關公於酒肆中，關公見飛草次之人，說話言談便氣和，酒盡，關公欲待還盃，乃身邊無錢，有艱難之意，飛曰：豈有是理，再叫主人將酒來，二人把盞相勸，言語相投，有如契舊，正是龍虎相逢日，君臣慶會時。〔註17〕

除上所述，戲劇尚有，元‧雜劇《龍虎風雲會‧羅本》頁 293 所演出的內容。

籤題：第 14 籤（桃）曹公賜雲長馬袍贈金銀

籤文：關羽，字雲長與劉先生，恩若兄弟。初守下邳，先生為操所敗奔袁紹。

再版七刷），頁 316～324。

〔註17〕 見（元）不著撰人：《全相平話武王伐紂書、全相平話樂毅圖齊七國春秋後集、全相秦併六國平話、全相平話前漢書續集、全相平話三國志》（台北：國立中央圖書館編，1971.10 初版），頁 357。

時羽為操所執，待以殊禮。袁紹攻操急，羽斬紹勇強顏良以報。嗣羽聞先生在紹軍，乃盡操所賜拜書告辭，往從先生。

出處：《三國演義‧袁本初敗兵折將，關雲長卦印封金》第二十六回〔註18〕

案：《全相平話三國志》也有一段〈曹公贈袍〉的記載，但籤題名稱較接近三國演義，因此取用後者為來源依據，且節錄故事比較如下：

《全相平話三國志》寫〈曹公贈袍〉：

不移時，關公至丞相執盞，關公曰：丞相不罪，關羽不飲亦不下馬，又將錦袍令許儲奉獻，又不下馬，關公用刀尖挑袍而去，關公曰：謝袍，前後既數十人，曹公不敢下手，雲長押甘梅二夫人車前往異王處。〔註19〕

《三國演義》寫〈關雲長挂印封金〉：

關公寫書一封，辭謝曹操。寫畢封固，一面將累次所受金銀，一一封置庫中，懸漢壽亭侯印於堂上，請二夫人上車。丞相所撥人役，皆不帶去，只帶原跟從人，及隨身行李，出北門去了。〔註20〕

此段故事，宋平話敘述的關公尚有魯莽直接的氣息，到了元的三國演義本，已經美化成一名知禮重義的武士。又依故事名稱，宋平話〈曹公贈袍〉較簡潔至明演義〈關雲長挂印封金〉已用章回小說形式取名。

而逐漸演化成的**籤題**：曹公賜雲長馬袍贈金銀，與一般民間野台戲的戲劇名稱頗相似。

以下出處直接取自《三國演義》：

籤題：第14籤（竹苗）桃園三結義

籤文：劉備、關公、張飛三人於張飛屋後桃子園裡結拜，一同抵抗黃巾賊的作亂保衛家園。(3)

出處：元‧羅貫中《三國演義‧宴桃園豪傑三結義，斬黃巾英雄首立功》第一回。〔註21〕

〔註18〕見（元）羅貫中：《三國演義（台南：世一文化公司出版，1990.02 初版，1996.4 再版七刷），頁 201～207。

〔註19〕同註16頁 403。

〔註20〕同註17頁 216～224。

〔註21〕見（元）羅貫中：《三國演義》（台南：世一文化公司出版，1990.02 初版），頁 1～7。

籤題：第 29 籤（竹苗）古城會關公斬蔡陽、（桃）關雲長斬蔡陽

籤文：桃園三結義，誓同生死。誰知曹操東征，劉備兵敗投袁紹，關公為保護二位嫂嫂，與曹軍約三章。其中但知劉皇叔去向，雖遠必往。張飛占住古城，招軍買馬。後來古城會，關公斬蔡陽，以消釋張飛疑心，始得主臣聚義。

出處：元・羅貫中《三國演義・斬蔡陽兄弟釋疑會古城主臣聚義》第二十八回〔註22〕

籤題：第 33 籤（桃）劉備入東吳進贅

籤文：東吳孫權為討取荊州，與周瑜定計催促劉備，趁其喪婦欲贅玄德為妹婿。孔明卜卦大吉大利。勸玄德入吳就親。吳國太在甘露寺，看子婿滿意大喜。終於弄假成真，魚水得相逢。

出處：《三國演義・吳國太佛寺看新郎，劉皇叔洞房續佳偶》第五十四回。〔註23〕

籤題：第 34 籤　曹操潼關遇馬超

籤文：曹操仍是三國時代的奸雄。馬超為父之仇，大起興兵雪恨。在潼關操兵敗北，馬超直入中軍來捉曹操。曹操急智盡先脫袍，又復割髯，最後包頸雜於亂軍中而逃。始得保命離開了險境。

出處：《三國演義・馬孟起興兵雪恨，曹阿瞞割鬚棄袍》第五十八回。〔註24〕

籤題：第 38 籤（竹苗）劉備三請孔明〈茅廬三分〉、（桃）三請孔明先生

籤文：三國時程昱做徐母字體，詐修家書使人來喚庶去許昌。正望間，忽見徐庶拍馬而回。向劉備薦賢諸葛，若得此人無異周得姜尚，漢得張良。玄德安排禮物同關張，三請孔明為軍師，在隆中茅廬定三分決策。臥龍雖得其主，不得其時，惜哉。

出處：《三國演義・司馬徽再薦名士，劉玄德三顧草廬》第三十七回〔註25〕

薛仁貴父子的故事

　　薛仁貴，在民間受喜愛的程度，造成翻騰，尤其原是布衣平民卻成了朝

〔註22〕同註 20 頁 206。
〔註23〕同註 20 頁 409～416。
〔註24〕同註 20 頁 441～448。
〔註25〕同註 20 頁 285～292。

廷大將，算是一個功德圓滿家庭幸福的代表性人物，其故事在臺灣民間一直以來有不同種類（如歌仔戲、布袋戲）演出，小說部份有《說唐前傳、後傳》《征西說唐三傳》、《新刻異說後唐傳三集薛丁山征西樊梨花全傳》等〔註26〕，和許多演義版如，高陽著的歷史演義套書問世。而籤詩故事取名酷似後者，因此來源兩者皆有選取。

籤題：第 2 籤：薛蛟薛葵房州遇彩樓得繡球

籤文：薛公大鬧花燈惹禍，當時徐賢換子救出薛蛟，在香山學藝有成。奉師命下山尋叔父薛剛，途中遇見兄弟薛葵同到房州。路過王府，看彩樓招親。彩球打中薛蛟、盧陵王傳旨招薛蛟爲駙馬與公主成親。薛蛟封爲大都督。後來起兵助李旦復國。

出處：清‧如蓮居士《異說後唐傳三集‧薛丁山征西樊梨山全傳》第七十八回〔註27〕

籤題：第 08 籤（桃竹苗）薛仁貴回家、第 52 籤（竹苗）薛仁貴回家遇丁山

籤文：薛仁貴承奉尉遲恭讓印，封爲平遼大元帥。班師回朝加封平遼王，就想回家探望妻子柳氏。在山腳射惡怪誤傷嬰兒，到家聽柳金花說；仁貴始知其子，被自己所傷。王教老祖掐指一算，曉得丁山有難，還有父子相逢之日，於是救去仙山學藝。

出處：《薛仁貴征東‧柳員外送女赴任，薛仁貴雙美團圓》第二十一回

案：在戲劇呈現時，乃加入第二十回《平遼王建造王府射惡怪誤傷嬰兒》〔註28〕

籤題：第 20 籤（桃）薛丁山著飛刀

籤文：薛丁山是王教老祖徒弟，學藝七年，奉師父之命，欲往鎖陽城救駕，殿下李治，封丁山爲大唐征西二路元帥。此一次，不比別時，大破番營。蘇寶同見聲頭不好，放出九口飛分，被丁山頭上戴的太歲盔沖散。甚是勞苦後安。

出處：《薛丁山征西‧蘇寶同九口飛刀，薛仁貴沙場受苦‧薛丁山嶺兵就父，

〔註26〕見（清）如蓮居士：《新刻異說後唐傳三集薛丁山征西樊梨花全傳》（上海古籍出版社，1990.08 出版），頁 1。

〔註27〕同註 25 頁 578～585。

〔註28〕見（清）吳璿原著，高陽校閱《薛仁貴征東》（台北：風雲時代出版社 1987.07 初版）。頁 139～146 和頁 147～152。

寶仙童捉擒下山》第十三回至第十八回。〔註29〕

籤題：第 26 籤（桃）薛丁山破收飛刀

籤文：薛丁山因白虎關，勿傷父親仁貴，朝廷削去其職，重用樊梨花掛帥，
罰丁山在帳前效用。丁山同梨花，西進大戰一日，沖動了胎氣，梨花
跌下馬來，產下一子。故有血光沖出，將蘇寶同的飛刀沖壞。丁山見
了大喜，於是乘勢破了金光陣門。

出處：同上。

籤題：第 30 籤　薛丁山三請樊梨花

籤文：唐高宗李治御駕征西，天子行到白虎關，丁山誤射父親，赦其死罪。
令他親請樊梨花到來出兵。丁山三休梨花，她亦三難丁山，隨即佯死。
丁山把錯的地方改過來，三步一拜，拜活梨花登臺拜帥，平定西涼國，
終身大事，奉旨完婚。

出處：《薛丁山征西‧難丁山梨花佯死，薛丁山拜活梨花》第四十四回〔註30〕

籤題：第 07 籤（竹苗）國公暗察白袍將、第 7 籤（桃）：尉公掛帥

籤文：尉遲恭征東爲帥，唐太宗御駕，隨後查訪應夢賢臣。軍師茂公奏明：「要
見他一面容易，他時運未到，近不得天子之尊。」於是宣召尉遲元帥
擺龍門陣打聽，再降旨要做平遼論。太宗遙望陣圖行動中，果然發現
與夢一般的白袍小將薛禮，即仁貴。

出處：《征東征西掃北‧尉遲恭征東爲帥，薛仁貴活捉董逵‧勞敬德犒賞查賢
仁貴月夜探功》第十一回〔註31〕，及第二十二回〔註32〕

籤題：第 36 籤（竹苗）：薛仁貴救駕、（桃）李世民落海難

籤文：薛仁貴征東倒運時，被張士貴差他做火頭軍。唐太宗打獵遇蓋蘇文追
趕落海難。這一日仁貴見雪花驄，亂跳亂縱。就上馬出藏軍洞，這馬
作怪，跑得騰雲飛舞，到一座高山頂住了。抬頭一看，聽見底下有人

〔註29〕見陳錦芳：《征東‧征西》（台北：臺灣文源書局印行，1983.3 再版），頁 48～71。
〔註30〕見陳錦芳：《征東‧征西》（台北：臺灣文源書局印行，1983.3 再版），頁 175
～178。
〔註31〕見博元編：《征東征西掃北》（台南：博元書局，1989.06 出版），頁 156～160。
〔註32〕見博元編：《征東征西掃北》（台南：博元書局，1989.06 出版），頁 204～210。

叫。李世民洪福，應夢臣仁貴救眞命主。

出處：《征東征西掃北·護國公魂遊地府，小爵主掛白救駕》第二十六回〔註33〕

籤題：第45籤（桃）薛仁貴困白虎關父子不相逢

籤文：薛仁貴征西，被番將楊藩用詐敗，誘上白虎山困住，丁山奉母命，借土遁沖入陣中救父。仁貴在山頭矇朧中，現出原神是一隻白虎。丁山一見取弓搭箭，一聲響正中虎頭。下馬一看，到射死了父親。當初仁貴誤傷子，今日一報還一報，父子不相逢。

出處：《征東征西掃北·唐天子君臣朝賀，薛仁貴父子重逢》第二十二回〔註34〕

籤題：第17籤（桃）薛公大鬧花燈驚死聖駕跌死太子
　　　　第60籤（竹苗）薛剛踢死太子驚崩聖駕

籤文：長安大放花燈與民同樂，是正月十三上燈，十八落燈。元宵夜，薛剛借酒大鬧花燈。打死內監，在御花園打死千歲張保殿下〈原丞相子〉然後劫法場驚死高宗皇帝。

武則天下旨提丁山，薛氏一家三百餘名盡遭冤。獨不見樊梨花，薛蛟被逃脫。又聖籤「龍蛇」，譬方說；薛剛自命不凡，飛龍在天鬧事。還是做蛇潛入池裡避世，這時「家中禍患不離身」。

出處：《征東征西掃北·御花園打死張保，劫法場驚死高宗》第七十三回〔註35〕

楊家將的故事

籤題：第24籤（桃）孟良焦贊救宗保

籤文：孟良焦贊是楊六郎結義異姓的兄弟，時宗保隨父出征，在交鋒中給番女招親。後來宗保回見其父六郎請罪。六郎大怒喝令推出斬之。當場孟良焦贊，爲國家大計討保而得活命。

出處：紀振倫撰《楊家將演義·朝臣設計救六郎》第二十回：〔註36〕

〔註33〕見博元編：《征東征西掃北》（台南：博元書局，1989出版），頁224～226。
〔註34〕見博元編：《征東征西掃北》（台南：博元書局，1989出版），頁372～375。
〔註35〕見博元編：《征東征西掃北》（台南：博元書局，1989出版），頁566～570。
〔註36〕見紀振倫撰：《楊家將演義》（台北：三民書局出版）1998.2初版），頁117～129。

籤題：第 9 籤（竹苗）龍虎軍鬥

籤文：呼延贊爲報父仇與宋太祖趙匡胤死決，爭戰中，呼看趙頭上有五爪金
龍，趙看呼頭上有一黑虎形。兩人都視對方不凡，遂互相珍惜。後來
呼果眞是良將，趙乃爲宋王。（2）

出處：紀振倫撰《楊家將演義・太宗駕幸昊天寺》第六回

籤題：第 39 籤（竹苗）楊文廣被困柳州城

籤文：楊宗保楊文廣父子率軍出征南蠻，宗保摔馬，文廣救父被圍於柳州城。
幸得楊門女將有勇有謀、裡應外合。以策略救出。（2）

出處：《楊家將演義・文廣困陷柳州城》第四十四回〔註37〕

籤題：第 60 籤（桃）楊六婿斬子

籤文：楊六郎奉旨征伐番邦，其子宗保隨征破陣，來到寨外索戰，被穆桂英
捉入帳中成親，六郎大怒，正軍法轅門斬子，孟良焦贊連忙進帳求情，
令婆也趕來救孫兒宗保。正是内外用心才免其罪。

出處：《楊家將演義・楊六郎怒斬野龍》第九回。〔註38〕

包公的故事

籤題：第 1 籤（竹苗）包公請雷驚仁宗

籤文：包公欲讓仁宗知其身世眞相。假借讓仁宗觀看雷殛張繼保燈戲。仁宗
悟其眞意且知其用心良苦，赦免包公，迎回母親李妃。（2）

出處：明・無名氏撰《包公案・桑林鎭的故事》卷七

案：「包公」這稱呼，據說宋時就有，他的清正廉潔並非虛傳，在（宋）時開
封域中有流傳這樣的話：「關節不到，有閻羅、包老。」連婦孺也知其名。
史載包拯；不只是一名清官，而且是孝子：

包拯，字希仁，盧州合肥人也。始舉進士，除大理評事，出知建昌
縣。以父母皆老，辭不就。得監和州稅，父母又不欲行，拯即解官
歸養。後數年，親繼亡，拯盧墓終喪，猶徘徊不忍去，里中父老數
來勸勉。久之，赴調，知天長縣。

〔註37〕同註35頁254～258。
〔註38〕同註35頁51～58。

拯性峭直，惡吏苛刻，務敦厚，雖甚嫉惡，而未嘗不推以忠恕也，
與人不苟合，不偽辭色悅人，平居無私書，故人、親黨皆絕之。
〔註39〕

《包公案》卷之七：桑林鎮的故事，經後人延伸又加入民間故事「狸貓換太
子〔註40〕。亦見，明·古本小說《龍圖公案》。《萬花樓演義》第四十六、四
十七、四十八回。及清；石玉琨〈說書藝人〉《七俠五義》。

籤題：第1籤（桃）包文拯審張世真

籤文：包拯·宋合肥人，仁宗時知開封府，執法不阿。相傳；包公乃是文曲
星下凡，把仙女張世真，當作妖女。請五雷欲打她，雷神認出是玉帝
之女，四鳳姑。反打包文拯，即刻白臉變黑面，幸而打開了額頭上的
天眼，官事完局。

出處：同上

籤題：第06籤（竹苗）、第59籤（桃）老鼠精亂宋朝

籤文：宋朝時，西天走下五個老鼠作鬧，其怪以大小呼名有鼠一、鼠二之稱。
鼠五變秀才、鼠四變丞相、鼠三變皇帝，鼠二變國母，鼠一變包公，
大鬧朝廷，真假難分。卻說包公臥陰床，直到天庭借到玉面貓來收除
五鼠精，單走了第四鼠，留下凡間生傳。

出處：《包公案·玉面貓》卷之六。

案：節錄《包公案》顧宏義先生的引言：

《包公案》對於後來的話本、小說和戲曲的影響相當深刻。市民喜
聞樂見的包公斷獄故事，也成為後世曲藝說唱等的重要題材。清代
演員石玉昆，從《玉面貓》中神貓抓五鼠的故事中衍生出長篇評書，
塑造性格各異的五鼠五義，故事情節起伏跌宕，引人入勝。
由此《包公案》中的「五鼠鬧東京」演延成完整的故事。〔註41〕

〔註39〕 見（元）脫脫：《宋史》（台北：藝文書局，1956年1月出版《乾隆武英殿刊
本》），頁4029。

〔註40〕 宋仁宗的母親離難和仁宗生世大白的故事，電影以「宋宮秘史」演出，「狸貓
換太子」原為各地有相關傳說。亦見金榮華：《民間故事索引》（台北：中國
口傳文學學會出版，2007.2初版），頁247～248。

〔註41〕 見（明）無名氏撰，顧宏義校注，謝士楷·繆天華校閱：《包公案》（台北：
三民書局發行，1998.1初版），頁4～5和頁253～260。

第三節　歷史故事（二）以朝代分類

本節將人物出現次數不多的故事以朝代分類成：（秦、漢以前），（隋、唐、五代），（宋至明朝）等三個時期加以論述如下：

秦、漢以前

籤題：第 05 籤（竹苗）王翦攻楚

籤文：秦王答應王翦開出「賞田地宅園」的條件，讓其領六十萬兵攻楚。大破楚軍，斬殺將軍項燕（一說項燕自殺），楚兵敗逃。平定了楚國城邑，俘虜楚王負芻（參見秦滅楚之戰），楚地終成秦的一個郡縣。王翦於是又率兵南征百越，取得勝利。因功著而晉封武成侯。〈故事大意〉

出處：漢‧司馬遷《史記‧白起王翦列傳第十三》卷七十三〔註42〕

案：王翦一生為秦貢獻，攻趙、燕、又與子王賁攻荊、魏，頗有戰績，史載：「王翦者，潁陽東鄉人也，少而好兵，事秦始皇」。頗受秦王寵，太史公評曰：「王翦為秦將，夷六國，當是時，翦為宿將，始皇師之，然不能輔秦建德，固其根本，偷合取容，以至殁身。」

亦見《秦併六國平話‧王翦滅楚國》目錄第三十四〔註43〕

籤題：第 05 籤（竹苗）孫臏戰袁達、第 58 籤（桃）袁達人照國關

籤文：先說：九曜山霹靂洞野龍袁達乃亡命之草寇，凶猛異常，七國之中，莫不聞風畏懼。齊王見奏，即著孫臏領兵往九曜山勦捕袁達。孫臏三放袁達，使其心悅誠服，投降齊國。再說：此籤告訴當事人，作姦犯科者，主鐵鎖纏身自食苦果，君子所以慎獨。百事守舊，可保安全。

出處：《全相樂毅圖齊七國春秋後集‧袁達戰石內》目錄第二十九〔註44〕

籤題：第 32 籤（桃）孫臏陷五雷鎮

籤文：毛奔擺下了五雷鎮，陷困孫臏受災，襄王誠心上香，報知金眼毛遂設

〔註42〕見（漢）司馬遷撰、（宋）裴駰集解：《史記》（台北：宏業書局出版，1990.10 再版），頁 2331。

〔註43〕見（元）不著撰人：《全相平話武王伐紂書、全相平話樂毅圖齊七國春秋後集、全相秦併六國平話、全相平話前漢書續集、全相平話三國志》（台北：國立中央圖書館編印 1971.10 初版），頁 237～238。

〔註44〕同註43 頁 143～144。

法搭救。先請鬼谷子王禪老祖，再求南極仙翁，救走孫臏。是受災得貴人之兆也。

出處：《東周列國演義・孫臏佯狂脫禍》第八十七回〔註45〕

籤題：第 57 籤（桃）龐涓孫臏學法

籤文：孫臏，龐涓二人在朱仙鎮對天發誓，結為異姓兄弟。同投雲夢山鬼谷仙師處學藝，三年後下山，各施展工夫。這首籤詩與戲文，告訴當事人，須先把定心意，才能學以致用。

出處：《東周列國演義・辭鬼谷孫臏下山》第八十八回〔註46〕

籤題：第 17 籤（竹苗）莊子破棺

籤文：莊子出遊見一少婦拿扇子扇新墳，知其夫死亡為了改嫁。回家仿效其法，考驗其妻田氏。自己再從棺裡復活。

出處：明・馮夢龍《警世通言・莊子休鼓盆成大道》第二卷。〔註47〕

案：《莊子破官》的故事，是莊子以路旁少婦搧新墳，讓土快乾要改嫁一事，取來考驗自己的妻子，很少人能思及故事的真意，若能再深入探究，可以在解籤上有更好的配合，據金師榮華在《莊子休鼓盆成大道故事試探》一文所述〔註48〕，人若能認清感情並非永恆不變的事實，而男女之間也存在移情別戀的可能，由此加以運用；則信眾求問婚姻或感情時，當求問者只是對感情穩不穩定起疑，也許提醒求籤者注意對方是否變心？若對方已變心，則告知世事無永恆之愛情，於解籤時必有一番重新詮釋的空間。

籤題：第 39 籤（桃）孔夫子答小兒、第 45 籤（竹苗）孔夫子過蕃逢小兒

籤文：春秋時魯國人，姓孔名丘，字仲尼。為我國的大學者，一日率諸弟子，御車出遊，路逢項橐以瓦作城擋路，孔子責之曰，何不避車乎。小兒

〔註45〕見（明）馮夢龍原著・高陽校閱：《東周列國演義》（台北：風雲時代出版社，1987.7 初版），頁 84～96。
〔註46〕同註44頁 71～83。
〔註47〕見（明）馮夢龍：《警世通言四十卷》（台北：光復書局，1998.08 出版），頁 12～20。
〔註48〕見金榮華：〈莊子休鼓盆成大道故事試探〉收入《民間文學與中國文化國際研討會論文集》（台北：國立編譯館印行 1997.7 初版），頁 29～34。

答曰，自古及今，雖當車避於城，不當城避於車。孔子聞見，不忍破壞其城，重返中原繼續傳書。

出處：《敦煌變文集‧孔子項託相問書》〔註49〕

案：據《敦煌變文集》記載：

> 昔者夫子東遊，行至荊山之下，路逢三個小兒，二小兒作戲……。項託又相，隨擁土做城，在而坐。夫子語小兒曰：「何不避車？」小兒答曰：「昔聞聖人有言：上知天文，下知地里〈理〉，中知人情，從昔至今。只聞車必城，豈聞城避車？」夫子當時無言而對，遂乃車避城下道。

此當為故事最早的源頭，項託的智慧讓人體會「聖人無常師」的道理。

籤題：第28籤（桃）：楚項羽烏江自刎

籤文：項羽，秦末下相人，少有奇才。力能扛鼎。起兵遇秦軍，九戰皆破之。自稱西楚霸王；後楚漢之爭，兩雄不俱立。辛為漢軍所敗，困垓下，走烏江被韓信迫死自刎。正是虎落平陽被犬欺，一點兒都不錯。

出處：漢‧司馬遷《史記‧項羽本紀》卷七。

案：小說版有《全漢志傳‧霸王烏江自刎》第二十五回。〔註50〕

籤題：第35籤：吳漢殺妻為母救主

籤文：吳漢，東漢宛人，有智謀，家貧，官居亭長。據民間傳說；吳漢是一個孝子，娶王莽之女為妻。因父親曾受岳翁害死而不自知，後來遵母令殺死妻子，佐光武中興，以忠孝兩兼也。

出處：《斬經堂‧樓台哭夫》：賢公主難消父罪、奉母命吳漢殺妻。〔註51〕

隋、唐、五代

籤題：第11籤　韓文公過秦嶺韓湘子掃霜雪

第5籤　韓文公過秦嶺凍霜雪

〔註49〕見潘重規：《敦煌變文集新書》（台北中國文化大學中文研究所印行，1984.1初版），頁1119。

〔註50〕見（明）余象斗：《全漢志傳》（上海：上海古籍出版社，1990.8出版），第二十五回，頁147。

〔註51〕見《國光劇團劇目》（台北：國光劇團網站），上網日期：2008.2.10 網址：http://www.kk.gov.tw/。

籤文：唐朝韓愈，因為上書給皇帝，反對迎取佛骨進宮，而觸怒皇上，下調到潮州去當刺史。他只好離開京城，前往潮州上任新位。沒想到途中遇上了大風雪，車子陷在積雪裡，動彈不得。這時，八仙之一的韓湘子冒著大風雪，趕來救護叔父韓愈。

出處：《太平廣記・仙傳拾遺》神仙類，卷五十四

案：《太平廣記・仙傳拾遺》神仙類，卷五十四，亦有〈節錄〉：

> 唐吏部侍郎韓愈外甥，忘其名姓，幼而落拓，不讀書，好飲酒。弱冠，往洛下省骨肉，乃慕飲水不歸。儘二十年。杳絕因信。元和中，忽歸長安，知識闊茸，衣服滓弊，行止乖角。

> 韓愈遇仙之事，古代多有傳說，或說遇韓湘，韓湘子，或說遇不知名之仙，或說韓湘即韓湘子，為愈侄或侄孫，或說為韓愈之外甥，但察其事迹，則多以愈遭謫遠貶潮州為主體。〔註52〕

> 亦見《喜逢春・韓湘子九度文公昇仙記》〔註53〕

籤題：第18籤（桃）秦叔寶救李淵搬家
第24籤（竹苗）秦叔寶救李淵

籤文：卻說隨主，因夢洪水淹城，心疑而把郕公李渾一門三十二口盡付市曹。唐公李淵也趁這個勢太原養病，聖旨準行。到了楂樹崗遇險。都頭秦叔寶，解軍途次救李淵搬家。唐公後即帝位。

出處：《隋唐演義・秦叔寶途次就唐公，竇夫人寺中生世子〔註54〕》第五回

籤題：第28籤 李存孝打虎

籤文：唐李克用因夢的啟示至飛虎山，適遇李存孝打虎。用巧智收為義子。存孝得以展現勇健，屢有戰功。

出處：明・羅貫中《殘唐五代史演義傳・存孝打破石嶺關》卷之二第十二回〔註55〕

〔註52〕見（宋）李昉：《太平廣記》（北京：中華書局，1981.9新1版），卷一，頁331。
〔註53〕見（明）錦窩老人：《韓湘子九度文公昇仙記》（台北：天一出版社，1983年出版），頁22。
〔註54〕見（元）羅貫中原撰（清）・褚人穫 改撰：《隋唐演義》（台北：臺灣文源書局，1985.10再版），頁40～46。
〔註55〕見（明）羅貫中：《殘唐五代史演義傳》（上海古籍出版社，1990年8月出版），頁93～97。

案：亦見元雜劇：《鄧夫人痛哭存孝》及平劇：《飛虎山》

籤題：第 40 籤（桃）郭子儀七子八婿夫妻祝壽
籤文：先說；郭子儀，唐華州人，玄宗時，爲朔方節度使，平定安史之亂，
　　　　功爲中興諸將冠，封紛陽王。身繫唐室安危者垂二十年。再說；戲文
　　　　「郭子儀七子八婿夫妻祝壽」，謂福祿壽三星拱照，主有尾吉也。
出處：清·乾隆武英殿刊本景印《舊唐書》卷一百二十，列傳第七十。
案：郭子儀平安祿山之亂，是唐朝「再造王室，勳高一代」的元老重臣。
　　　　郭子儀，華州鄭縣人。父敬之，歷綏、渭、桂、壽、泗五州刺史，
　　　　以子儀貴，贈太保，追封祁國公。
　　　　子儀長六尺餘，體貌秀傑。始以武舉高等補左衛長史，累歷諸軍使。
　　　　十四載，安祿山反，子儀擊敗之，進收雲中、馬邑，開東陘，以功
　　　　加御史大夫。〔註56〕
史書《郭子儀傳》的末段將郭子儀七子八婿和諸孫數十人封爲朝廷重官之事，
有列入記載。亦見《月唐演義》第八集：七子八婿大團圓。〔註57〕

籤題：第 46 籤（桃）：狄仁傑興大唐作武則天官後入相
籤文：狄仁傑唐太原人，忠心保國，身居侍郎平章之職。中宗年間，其時武
　　　　后臨朝，只因武三思，倡亂朝綱，太后欲廢中宗，立他爲嗣，狄仁傑
　　　　以姑姪，母子之喻動之。因此才恍然大悟，退政與中宗皇帝，以興大
　　　　唐。
出處：後晉·劉昫《舊唐書》卷八十九，列傳第三十九，武英殿刊本景印。
案：狄仁傑亦有很多故事流傳，如《薛丁山征西》第八十七回：狄仁傑一語
　　　　興唐，唐中宗大坐天下。〔註58〕

宋至明
籤題：第 10 籤（竹苗）岳飛掠秦檜

〔註56〕見（後晉）劉昫：《舊唐書》（藝文圖書館處，1957 年版（清）乾隆武英殿刊
　　　　本景印），頁 1710～1723。
〔註57〕見靈巖樵子：《月唐演義》（台北文化圖書公司發行，1979.2 出版），頁 535～
　　　　600。
〔註58〕見陳錦芳：《薛丁山征西》（台北：臺灣文源出版，1983.3 再版），頁 352～354。

籤文：岳飛破金兵於拐子馬正要直搗黃龍，秦檜用假金牌招回，以「莫須有」
之罪屈死。王能、李直到伍子胥廟伸冤。伍子胥稟告玉皇，賜岳飛「無
拘宵漢牌」岳飛到秦檜家報冤。〈3〉

出處：清·錢彩《說岳全傳·打雷臺二祭岳王魂，憤冤情哭訴潮神廟》第六
十九回。〔註59〕

案：戲劇以《風波亭》演出。

籤題：第21籤（竹苗）朱壽昌尋母在長亭、（桃）朱壽昌辭官尋母

籤文：宋朝朱壽昌七歲石，其生母被劉氏所害而後出家。因此母子不相見達
五十年之久。到了神宗時代，朱壽昌棄官尋母。蓋因，十方佛法有靈
通。尋母至同州時，終得如願以償。斯時其母已七十有餘。

出處：《宋史》卷四五六·列傳第二十五〔註60〕

案：朱壽昌在民間是一名不可多得的孝子，故事編入：《二十四孝故事·棄官
尋母》第十三，亦見《宋史演義》第三十七回韓使相諫君論弊政，朱明
府尋母竭孝思〔註61〕

籤題：第32籤（竹苗）龍虎交會

籤文：無

出處：元·羅貫中撰：《古雜劇·宋太阻龍虎風雲會》〔註62〕

案：本劇故事正目；上載《伏降四國咨謀議，雪夜親臨趙普第，君相當時一
夢中，今朝龍虎風雲會》演的是宋太祖·趙匡胤，與趙普、鄭思、曹彬、
楚昭輔，結為兄弟，相愛甚密，猶如三國關、張，應徵在石守信旗下為
帥，成功過程與董宗的兒子董尊所做夢境和苗光裔之卜算相合，且日後
為帝，故事點出龍虎交會的結局是：文官每這壁，武將每那壁，斟玉液
進禁杯，則這白額虎與龍相配。紫金龍自有虎相隨，這的是慶清朝龍虎
風雲會。

〔註59〕見（清）錢彩：《說岳全傳》（台北：桂冠圖書公司，1983.02初版，1984.10
再版），頁552～560。

〔註60〕見（元）脫脫：《宋史》（藝文圖書館處，1957年版（清）乾隆武英殿刊本景
印），頁4008。

〔註61〕見蔡東藩：《宋史演義》（台北：文化圖書公司，1988.12出版），頁224～229。

〔註62〕見（元）羅貫中撰：《古雜劇·宋太阻龍虎風雲會》（台北：藝文印書館印行
《叢書集成三編第30輯古雜劇第19種 原刻景印》嚴一萍選集），無頁碼。

籤題：第 51 籤（竹苗）趙玄郎河東大戰龍虎關、（桃）宋趙匡胤困河東

籤文：錄自：三條崙包公廟，籤詩「戲文」如下；趙匡胤乃開宋元首叫宋太
　　　祖，後御駕親征河東，被困十八年，戰袍生蟲。

出處：同第 32 籤

籤題：第 49 籤　蘇小妹答佛印

籤文：宋金山寺僧佛印禪師，有辯才。蘇東坡與之友善，相與酬作章句。回
　　　家在妹妹面前，展卷傑作而自覺超過他人。蘇小妹能詩，看雙人文章。
　　　認定哥哥蘇軾又輸了。

出處：《醒世恆言・蘇小妹三難新郎》第十一卷〔註63〕

第四節　神魔故事和民間傳說

　　本節的故事有：《西遊記》、《孟姜女》、《白蛇傳》、《梁山伯與祝英臺》、《牛
郎與織女》。

　　臺灣早期社會信眾對神魔故事和民間傳說的喜愛，隨著南戲人士的移居來
台，帶動戲劇的興起，種下膾炙人口的經典戲劇人物，亦有透過「說書」型式
傳講於民間，這些口耳相傳的民間故事，滋養於民間農、漁民聚集的村落，其
故事中的人物和歷史故事的英雄人物，有很大的區別，大部份並非真有其人，
但性格皆以憨厚、單純取得民間的喜愛，故事中也富含些許生活哲理。

西遊記的故事

　　《西遊記》是臺灣早期社會，頗受喜愛的神魔小說，亦是說書人說講的
通用題材，其內容描述唐僧取經的故事，早在宋元以來已是流行很廣的民間
傳說，傳至明朝，由吳承恩寫成，其前身《大唐三藏取經詩話》，體裁與唐朝、
五代流行民間的『講唱經文』的「俗講」類似。

籤題：第 16 籤　李世民初遊地府

籤文：唐太宗李世民曾許救龍王，而喚魏徵來朝不放他出門。君臣對奕，魏
　　　徵忽然睏乏在案邊，不多時醒來請赦慢君之罪，再奏他夢中龍王。太
　　　宗聞知，用盡心機救不了牠。陽世不知陰世事。魂靈竟來地府，閻王

〔註63〕見（明）馮夢龍編撰：《醒世恆言》（湖南長沙：岳麓書社出版發行，1993.02
　　　　第一版第一次印刷），頁 182～192。

查明龍王犯罪當死，請太宗還陽。

出處：明·吳承恩《西遊記·遊地府太宗還魂，進瓜果劉全續配》第十一回
〔註64〕

籤題：第 19 籤（竹苗）紅孩兒捷住路頭、第 13 籤（桃）三藏被紅孩兒燒

籤文：唐三藏奉旨上西天拜佛求經。路過火燄山被紅孩兒攝〈挾〉去枯松閒。
孫悟空為救師父，反被紅孩兒用三昧真火燒。所謂：命正逢羅字關，
七十二變遭火敗。沒辦法的大聖慇勤拜南海，觀音慈善收紅孩做善才。

出處：《西遊記·大聖慇勤拜南海，觀音慈善縛紅孩》第四十二回〔註65〕

案：故事核心：觀音慈善收紅孩做善才，《紅孩兒》此處要特別介紹，於民間
可說是「改邪歸正」的人物代表，如籤文所述，因為遇到觀世音乃翻轉
成一個全新的人，早期社會，人民教育水準普遍較低，「難養」或「不受
教」的小孩，經常造成父母的窘境，因而流行給神當「契子」〈乾兒子之
意〉，多少是希望能像紅孩兒遇觀世音的幸運，此則故事隱含些許妙趣，
解籤的運用重點是：遇到貴人和抱持希望。用在孩童教育問題是找對老
師或尋得方法。

籤題：第 20 籤（竹苗）孫悟空大難火災

籤文：孫悟空因鬧天宮而封王：「齊天大聖」，因王母娘娘舉辦蟠桃會未被邀
約繼續在兜率宮滋事，被活捉治罪推入「八卦爐」卻智巧蹲於「巽」、
「離」二卦逃過酷刑且煉成「火眼金睛」但終敵不過如來佛的手掌而
被佛祖收服。（2）

出處：《西遊記·八卦爐中逃大聖，五行山下定心猿》第七回〔註66〕

四大民間傳說

（一）孟姜女

籤題：第 31 籤　孟姜女招親、第 40 籤：萬杞良夫妻相會

籤文：孟姜女洗衣手臂被逃夫萬杞良看到。孟爹見萬眉目清秀，英氣煥發不
像歹徒。問明真相遂將女兒許配成親。

〔註64〕見（明）吳承恩：《西游記》（台北：智揚出版社，1994 出版），頁 92～101。
〔註65〕見（明）吳承恩：《西游記》（台北：智揚出版社，1994 出版），頁 369～398。
〔註66〕同註62 頁 54～61。

出處：《孟姜女》

案：此故事是敦煌所有通俗文學中，傳本最多，《敦煌變文新書》列出十一個
　　卷子：P3883、P3833、P3255、P3754、P3882、S5529、S5674、S5530、
　　S1392、S395、S2941，加上金師榮華於 P3826 尋得，共計十二卷。

《孟姜女》的故事見民間故事類型：888C，各地也都有類似貞節、烈婦的民
間故事，如陝西、遼寧、吉林，遠至越南。〔註67〕

籤題：第 42 籤　孟姜女送寒衣哭倒萬里長城〔註68〕

籤文：秦始皇築萬里長城，有萬杞良被征造城，其妻孟姜女不辭辛苦，送寒
　　　衣至工地時，杞良已死。姜女乃抗聲長哭，十日城爲之崩。見了一堆
　　　白骨，分不出眞假。姜女默禱蒼天，咬破指頭鮮血淋淋，頃刻凝結一
　　　處，而杞良骸骨見。

出處：同第 31 籤

（二）白蛇傳

籤題：第 57 籤　白蛇精遇許漢文、第 58 籤：白蛇精詐言往南海遇許漢文

籤文：白蛇和青蛇化成小姐與女婢同遊西湖，遇許仙，相愛成婚。正巧法海
　　　禪師以水淹金山寺用紫金缽收妖，存放雷峰塔。等待 20 年後，子許夢
　　　蛟救出母親。一家團圓。

出處：明・馮夢龍《警世通言四十卷・白娘子永鎮雷峰塔》卷二十八。〔註69〕

案：《白蛇傳》的故事源於南宋平話《雷峰塔》〔註70〕，此故事最早應屬「口
　　傳」，見《民間故事類型索引》第 411 類〔註71〕，但眞正透過文字整理較
　　爲完整是在《警世通言》見到，而被運用於戲劇則是於明萬曆年間，戲
　　曲作家陳六龍採用《白蛇傳》故事做題材，編製《雷峰塔傳奇》開始演
　　唱在舞台上，有戲劇崑曲、弋腔、秦腔、京戲，各省地方都有這個故事。

〔註67〕見金榮華：《民間故事類型索引》（台北：中國口傳文學會發行，2007.2 初版），
　　　　頁 341～342。
〔註68〕見錢南揚：《宋元南戲百一錄》（台北：進學書局發行，1969.11 影印初版），
　　　　頁 76。
〔註69〕見（明）馮夢龍：《警世通言四十卷》（台北：光復書局，1998.08 出版），頁
　　　　349～372。
〔註70〕見馬如飛：《白蛇傳全編》（台北：古亭書局發行，1975.4 台一版），頁 1。
〔註71〕見金榮華：《民間故事類型索引》（台北：中國口傳文學學會發行，2007.2 初
　　　　版），頁 147～148。

〔註72〕臺灣以歌仔戲演出。

（三）梁山伯與祝英台

籤題： 第 41 籤（桃）山伯探英台

籤文： 山伯探英台，報病見老母。再説：祝英台，東晉上虞女子，喬裝男
子遊學，道逢梁山伯，同往杭州讀書三年，英台先返。後二年山伯
歸往訪之，始知爲女，已晚矣。山伯思念過度一病不起，葬於城西。
英台適馬氏，遇山伯墓大慟，地自裂。二人精魂變成黃黑大蝶；雙
飛而去。

出處： 初唐・梁載言《十道四蕃志》〔註73〕

案： 梁祝的故事是最典型的口頭傳説故事，流傳至今已有一千多年，在唐《十
道四蕃志》有記載遊學及「義婦塚」之事，「化蝶」則最早於南宋紹興年・
薛季宣《游祝陵善權洞》詩中提到，還魂説則較遲，於明代萬曆年刊行
的《精選天下時尙南北徽地雅調・還魂記》一齣。〔註74〕
故事亦見：宋・張津《乾道四明圖經》。明・馮夢龍《情天寶鑑》。清・瞿灝
《通俗編》和《民間故事類型索引》第 749A 類〔註75〕
　　閩南地區流傳的則是白色的蝶，英台和馬俊結婚，轎過山伯墳前，英台
佯裝腹痛，步出叩拜，墳猛霹靂一開，英台闖進去，丫鬟和馬俊來不及阻止
只扯下一幅裙角，一鬆手化成兩隻大白蝶飛上天去了，馬俊叫僕掘墳了無所
有，祇有兩塊青石板，才知白蝴蝶是他們的化身。〔註76〕

（四）牛郎與織女的故事

籤題： 第 31 籤（桃）、第 59 籤：（竹苗）董永皇都市仙女送孩兒

籤文： 漢朝有一位孝子董永，家貧如喜，父死時無力辦理喪事，乃賣身葬父，
葬親事畢，往買主償工途中，遇一婦女求董永娶爲妻室，陪伴同往。
因得該婦女之助，如其完成工作，辭別而去，相傳該婦女係仙女，因

〔註72〕同註 67 頁 1。
〔註73〕見（清）杏橋善人：《梁祝故事説唱合編》（台北：古亭書屋印行，1975.4 台
　　　　一版），頁 1。
〔註74〕同註 70 頁 1。
〔註75〕見金榮華：《民間故事類型索引》（台北：中國口傳文學會發行，2007.2 初版），
　　　　頁 268～272。
〔註76〕見謝雲聲：〈閩南傳説的梁山伯與祝英台〉，收入《民俗》（廈門：中山大學
　　　　1928.12 複刻版）第三十八期（台北：東方文化公司出版），頁 8～13。

產下一男孩，送落凡間給董永父子團圓。

出處：《太平御覽・孝感類》卷四一一。

案：董永的故事流傳甚廣，亦見《民間故事類型索引》第 465 類。〔註77〕董永最早的記載應是《太平御覽》劉向「孝子圖」其文：

> 前漢董永，千乘人，少失母，獨養父。父亡，無以葬，乃從人貸錢一萬，永謂錢主曰：「後若無錢還君，當以身作奴。」主人甚愍之。永得錢葬父畢，將往爲奴，於路忽逢一婦人，求爲永妻，永曰：「今貧若是，身爲奴，何敢屈夫人爲妻？」婦人曰：「願爲君婦，不恥貧賤。」永遂將婦人至。錢主曰：「本言一人，今何有二？」永曰：「言一得二，於理乖乎？」主人問永妻曰「何能？」妻曰：「能織耳。」主曰：「爲我織千匹絹，即放爾夫妻。」於是索絲，十日之內，千匹絹足。主人驚，遂放夫妻二人而去。行至本相逢處，乃謂永曰：「我是天之織女，感君至孝，天使我償之。今君事了，不得久停。」語訖，雲霧四垂，忽飛而去。」〔註78〕

算是故事最早原形，在東漢時應該就很流行的民間傳說，三國時代魏，曹植作品《靈芝篇》亦可見到。

民間從仙女忽飛而去，又延伸日後相見的情節以示兩人愛情的堅貞，戲劇發展以《牛郎與織女》和《七仙女和董永》演出，盛行於鄉里，而故事內容也有一些變化，加了若干情節，成了民間七夕節故事的由來，節錄精彩內容如下：

> 牛郎和他的兒女從此就住在天上，每年農曆七月七日；隔著喜鵲橋與織女相會……在秋夜天空的繁星中間，至今有兩顆較大的星，在那條白練樣的天河兩邊，晶瑩的閃爍著，那就是牽牛星和織女星，和牽牛星並列成直線的有兩顆小星，是他倆的小兒女。稍遠地方有四顆像平行四邊行的小星，據說就是織女擲給牛郎的織布梭；距織女星不遠有三顆小星，像等腰三角形，據說就是牛郎投擲給織女的牛拐子。〔註79〕

〔註77〕見金榮華：《民間故事類型索引》（台北：中國口傳學會發行，2007.2 初版），頁 170～174。

〔註78〕見（宋）李昉：《太平御覽》（河北：教育出版社，1994.7 第一版），第四卷，第四一一孝感類，頁 430。

〔註79〕見姜濤著《神仙故事・牛郎與織女》（台北：莊嚴出版社出版，1990.9 初版），

第五節　戲曲故事

　　本節包含兩項：（一）以真實人物創造故事、（二）以虛構人物創造故事，不論何者，均用了藝術化和生動特色的描模，透過有「說」、有「演」、有「寫」等形式，活靈活現的流傳遍佈臺灣社會各個角落。

　　戲曲故事來源有：《柳毅傳》、《胡鳳嬌》、《留鞋記》、《玉堂春》、《二度梅》《荔枝記》、《白兔記》、《梅龍鎮》、《周德武》、《雪梅教子》、《謝天香》論述如下：

柳毅及胡鳳嬌的故事（唐）

籤題： 第 04 籤（竹苗）盧龍王次女招親

籤文： 唐書生柳毅，赴京趕考，途中遇盧龍王之女娟娟被虐。幫助帶信至洞庭湖龍王處。龍女被救回和書生結爲夫妻。（2）

出處： 唐・李朝威《唐人傳奇小說》：柳毅傳〔註80〕

籤題： 第 3 籤（桃）崔文德胡鳳嬌到家空成婚

　　　　第 27 籤（桃）崔文德請鳳嬌

籤文： 錄自：三條崙包廟，籤詩「戲文」如下，胡鳳嬌是李旦殿下之妻是皇后，李旦走國，胡鳳嬌無處棲身，假嫁崔文德爲妻，後來武則天則不追殺胡鳳嬌，胡鳳嬌才免過提心吊膽的生活。

出處：《說唐演義全傳・崔文德送還唐帖》卷之六・第六十一回瑞文堂刻本

籤題： 第 25 籤（竹苗）鳳嬌觀音庵問籤中奸臣計、（桃）胡鳳嬌觀音寺行香求籤

籤文： 錄自：三條崙包公廟，籤詩「戲文」如下：胡鳳嬌是李旦殿下之妻，到觀音寺許願求籤，祈求觀音庇佑太子李旦，早日復國，夫妻早日團圓並登基帝位。

出處：《說唐演義全傳・馬迪伴宿想佳人小姐忍心識好計》卷之六・第五十三回

籤題： 第 27 籤（竹苗）胡完救文氏母女

籤文： 唐皇太子李旦因武氏簒位而逃出宮求生，路遇良女鳳嬌，依夢境所示以〈硃砂痣〉認姻緣並拿龍紋佩玉訂情，堂姐夫馬迪趁鳳嬌赴觀音寺求佛機會買通小尼姑設計陷害鳳嬌。被老傭人胡完看穿。救出鳳嬌母

　　　頁143～220。

〔註80〕見（唐）李朝威：《柳毅傳》（台北：三人行書局，1984.01 出版），頁95～112。

女。（2）

出處：《說唐演義全傳‧觀音庵胡完救主母》卷之六‧第五十六回。

留鞋記（胭脂記）

籤題：第 41 籤（竹苗）王小姐爲色事到禍審英月

籤文：一富家兒郭華，愛上了胭脂舖的女兒王月英，相約於元宵在相國寺觀
　　　音殿中幽會。不料郭華酒醉熟睡，月英來後推之不醒，留繡鞋於懷中
　　　而去，郭醒後，悔恨無已，遂自盡。因此拖累了廟僧。幸包拯訊得實
　　　情，救醒了郭華。令與月英成親。

出處：李昉等編《太平廣記》第二百七十四目：情感類：買粉兒。

案：《太平廣記》買粉兒，大意是說：一富家兒愛上賣胡粉的女兒，爲了要
　　親近她，時常去買粉。女感其誠，遂約與幽會，會時他喜悦過甚而死。
　　他家人訴之官，女求臨屍盡哀，不料他竟復生。〔註81〕亦見《南戲拾遺》
　　〔註82〕

籤題：第 54 籤（竹苗）念月英求佛嫁良緣、（桃）小姐求佛嫁良緣

籤文：錄自：三條崙包公廟；籤詩「戲文」如下：念月英去觀音寺，求觀音
　　　佛祖庇祐，早日尋著如意郎君。

出處：同上

籤題：第 55 籤（竹苗）郭華醉酒誤佳期

籤文：郭華落地未歸，愛上了胭脂舖的女兒王月英，相約於元宵在相國寺觀
　　　音殿中幽會。不料郭華酒醉熟睡，月英來後推之不醒，留繡鞋於懷中
　　　而去，郭醒後，悔恨無已，遂自盡。因此拖累了廟僧。幸包拯訊得實
　　　情，救醒了郭華，令與月英成親。

出處：同上

玉堂春

籤題：第 55 籤（桃）玉堂春求佛嫁良緣

籤文：錄自：三條崙包公廟，籤詩「戲文」如下：玉堂春去觀音寺，求觀音

〔註81〕見（宋）李昉：《太平廣記》（北京：中華書局出版 1981.9 新 1 版，1995.8 第
　　　　六次印刷），頁 2157。

〔註82〕見陸侃如‧馮沅君：《南戲拾遺》（台北：進學書局，1969.11 出版），頁 67。

佛祖庇祐，早日尋著如意郎君。

出處：明·馮夢龍《警世通言四十卷》卷二十四〔註83〕

二度梅

籤題：第02籤 陳東初祭梅

籤文：陳東初借盛開的梅花弔慰爲自己卻遭奸臣害的好友梅魁，適逢冰雹毀
祭壇乃看淡。出家。

出處：清·惜陰堂主人編輯《二度梅》，共六卷四十回。〔註84〕

案：《二度梅》故事乃爲宣揚忠孝節義，戲劇種類相當的多，如：京劇《二度
梅》。漢劇《罵盧杞》、《重台別》、《漁舟記》、《杏元和番》、《落花園》。
川劇《重台別》。湘劇、徽劇、滇劇、豫劇、秦腔均有此齣。

籤題：第23籤 周玉姐可遇陳春生

籤文：宦官子弟陳春生逢家變又遇強盜，投河獲周魚婆救，後因封官爲父母
喜冤。與周婆之女成親。

出處：續第二籤，陳春生是陳東初的兒子。

荔枝記

籤題：第44籤 洪益春留傘愛陳三

籤文：陳三送嫂過潮州，正好元宵節。沿路遊夜街，燈下與五娘邂逅相遇。
陳三爲五娘甘願學磨鏡，因破鏡做三年奴才。某日陳三誤會五娘，不
辭而別就要回泉州。益春留傘釋疑，於是陳三五娘私訂終身。

出處：《新刻時興泉潮雅調陳伯卿荔枝記大全》〔註85〕

案：《益春留傘》亦是臺灣歌仔四大名劇「陳三五娘」的著名「折子戲」，
又稱「留傘」。在陳三的追求過程中，五娘雖然對陳三亦是有情，然
因身份與禮教羞於表達愛意，以致陳三誤認五娘對他無意思，乃憤而
收拾行囊，打算返鄉。此時五娘的貼身婢女益春得知實情，急忙趕往
留住，傳達五娘亦對他心存愛意，陳三乃決定留下，欲共偕良緣。此

〔註83〕見（明）馮夢龍：《警世通言》（台北：光復書局，1998.08出版），頁281～312。

〔註84〕見（清）惜陰堂主人：《二度梅全傳》（上海：古籍出版社，1993年初版）。亦見
張棣華：《實用中國語文手冊》（台北：福記文化圖書公司，1991.8初版），頁2。

〔註85〕見吳守禮：《新刻時興泉潮雅調陳伯卿荔枝記大全》（台北：從宜工作室，2001.12
初版一刷），頁115～139。

原是由《荔鏡記戲文》〔註 86〕第六出《五娘賞燈》至第十八出《陳三子磨鏡》的內容簡化，又加入留傘情節成爲新貌，成了臺灣本土歌仔戲的特色。

白兔記

籤題：第 12 籤（竹苗）、第 6 籤（桃）劉智遠戰瓜精

籤文：錄自：三條崙包公廟，籤詩「戲文」如下：瓜精是人所變，乃是劉知遠的父親結拜兄弟受劉父所託保護二件寶貝給劉智遠暫時借後花園作棲身之處，大部份的人當作他是妖怪。

出處：《新編五代史平話・劉知遠諸宮調》北宋唱本

案：故事亦見《元雜劇・曲：白兔記》，也是明代五大傳奇之一，數百年來一直在民間流傳，有很多劇目出現，如：《瓜園分別》、《磨房產子》、《寶公送子》《出獵回獵》《磨房相會》清代戲曲班社有所謂《江湖十八本》，《白兔記》即是其中之一。尚有不同戲類演出如：崑曲、川劇、湘劇、蘇劇等許多劇種。

《智遠戰瓜精》在全明雜劇《白兔記》有一段生動的記載：

> 卻元來宿鳥驚棲唬得我肝腸碎，忘祖宗陰保庇有凶事化爲吉。
> 妖：哪裡生人氣，我是村中好漢，生吃你一半，死吃你一半。
> 人：拿住妖精，一刀兩段。
> 業畜鬭奄不過，放一道火光，遁入地烈去了，待我掘開來看，卻元
> 來一塊石皮下面石匣裏，頭盔、衣甲、兵書、寶劍。〔註 87〕

劉智遠因爲戰瓜精而得到四樣寶物，展開了他與妻兒日後的命運。

籤題：第 43 籤（竹苗）偶才母子井邊相會、第 47 籤（桃）李三娘井邊會

籤文：錄自：三條崙包公廟，籤詩「戲文」如下：偶才是李三娘之子，失蹤多年，後來在後花園井邊母子相會。

出處：同上籤故事續集。

梅龍鎮

籤題：第 37 籤（竹苗）正德君看（呼）綠牡丹開

籤文：明武宗〈正德君〉依夢境，微服出巡至蘇州尋白牡丹和紅灼藥的女人，

〔註 86〕見（明）李昌祺撰：《荔鏡記》（日本八木書店製作，1980.9 出版），無頁碼。

〔註 87〕見（明）佚名撰：《劉致遠白兔記》（台北：天一出版社，1983 版），頁 40。

得知果然是表姐妹，但已因父母雙亡而被當地惡罷買走。正德君用計奪回。兩女入宮享富貴。（2）

出處： 清・唐英撰《古柏堂戲曲集・梅龍鎮》〔註88〕

案： 正德皇帝的私生活較爲糜爛，據《明史》本記第十六載：明武宗〈節錄〉：

> 武宗性聰穎，好騎射。贊曰：明自正統以來。國勢寖弱。毅皇手除逆瑾。躬禦邊寇。奮然欲以武功自雄。然耽樂嬉遊。暱近羣小。至自署官號。冠履之分蕩然矣。猶幸用人之柄。躬自操持。而秉鈞諸臣。補苴匡救。是以朝綱紊亂。而不底於危亡。〔註89〕

而遊江南亦確有其事，武宗算是一名風流成性的短命皇帝，只活了三十一歲，諱；厚照，死的時候四方所獻的婦女都發還，可惜無法讓人忘記他生前的風流韻事，被後世人編成戲曲，如；黃梅調唱腔的京戲《遊龍戲鳳》或《梅龍鎮》流行後才被改編成古本小說如：清・何夢梅著《大明正德皇遊江南傳》，江左書梓《大明遊龍戲鳳全本・繡像正德遊江南傳》。

籤題： 第37籤（桃）正德君戲李鳳姐

籤文： 明正德皇帝下江南，在酒樓戲鳳，雙人依依不捨。武宗回朝，下一道御旨，派人往江南，迎娶鳳姐來京都。不料打開轎門一看，鳳姐死在轎內已久。正是無福的人，運逢得意身顯變，主事巴竭不順之兆也。

出處： 同上。

案： 此段戲以「黃梅調」演唱尤其有名，但若說的如籤文：「主事巴竭不順之兆也」，對應到籤詩：「運逢得意身顯變，君爾身中皆有益。一向前途無難事，決意之中保清吉」不很恰當，因此解籤時對於故事範圍的取捨，宜謹慎。

籤題： 第46籤　江中立欽賜狀元

籤文： 江中立因元宵節與友人遊街，遭鬧起鬨，將「江中立之妻」貼在相府千金背後。又急回客棧讀書，適巧逢明永樂皇帝見。賞其用功，欽賜狀元，果然娶相府千金爲妻。

出處： 同上

〔註88〕 見（清）唐英撰、周育德校點：《古柏堂戲曲集・梅龍鎮》（上海古籍出版社出版，1987.10第一版），頁151～171。

〔註89〕 見（清）張廷玉：《明史》（台北：藝文印書館，1982.5出版），武英殿本，頁136～142。

周德武

籤題：第 03 籤　朱（周）德武入寺相分明

籤文：德武上山砍材遇瑞英，結爲夫妻，遭朱催陷害，分離。瑞英產子又再遭陷乃出家避難。德武中狀元返鄉，中途入寺行香，與妻相會全家團圓。（2）

出處：梨園戲〔註90〕《福建・泉州歷史網・禪房怨、行香相命、表哥聽說》

案：梨園一詞，見《舊唐書卷二十八・音樂志》節錄：

> 唐明皇（玄宗）選坐樂伎子弟三百人，教習于梨園，稱梨園子弟。泉州的古老劇種沿襲"梨園"之名，並成爲獨有的劇種名稱。又被稱爲：宋元南戲活化或古南戲遺响"，是現存中國最古老的劇種之一。它孕育于泉州，是南戲傳入泉州、晉江一帶後，與當地的百戲、歌舞、雜劇、傀儡戲結合，再吸收當地聲腔《泉音》而形成的，它至遠在明代已經產生，當時稱爲：泉腔。〔註91〕

梨園戲是福建的古老劇種，表演方式在人物的呈現，周德武的角色是文小生（生巾戲），張瑞英的角色是二旦，內容則生活氣息和人情味較濃，重唸白，結尾以喜劇收場。除了周德武，尚有留下較出名的傳世孤本如：蘇秦、朱買臣、朱壽昌、楊六使，梨園戲在臺灣演出有如清・康熙年間，郁永河記載《臺灣竹枝詞》八首首，其一曰：

> 身披鬃法耳垂璫，粉面朱唇似女郎，
>
> 媽祖宮前鑼鼓鬧，侏離唱出下南腔。

此中粉面朱唇指的是梨園子弟，而下南腔即是臺灣聲律的一種。〔註92〕

雪梅教子

第 40 籤：三元會（雪梅教子訓商輅）

籤文：無

出處：雜劇：商輅三元記

〔註90〕梨園戲的前身是唐代：歌舞。孕育於南宋：泉腔優戲。成型於元代：《三大流派》的形成（上路老戲、下南老戲水、七子班）。成熟於明：《荔枝記》演出本。盛行於明、清。傳播於：清。

〔註91〕見《福建泉州歷史網站》，上網日期：2008.1.23。網址：http://qzhnet.dnscn.cn/。

〔註92〕見（清）范咸等修：《臺灣府志・卷二十四》（北京：中華書局出版，1986.5 第一版），頁 2744。

案：本故事源自明朝雪梅教子訓商輅，有二種說法：

1. 明代一位名叫商輅的文人，夢見文昌神在自己面前，一揮手，就把神
   枯上的花生、糖、紙和硯混在一起，繼面化成萬牛奔騰。經廟祝解讀，
   紙筆墨硯、花生，象徵妙筆生花，牛群代表智慧。商輅於是將有關材
   料製成牛形花生糖，取名「牛軋糖」。結果考試連中三元。
2. 「雪梅教子」商琳與秦雪梅是明朝人，生於成化年間。兩人於五歲時，
   雙方父親爲其文定結親，當時商家與秦家是官宦，秦雪梅之父且貴爲
   太師，不久商家遭到大火，兩人未曾謀面。

　　直到長大，由於商家已寞落而秦父反對，乃設計商琳娶女婢，商琳知後
憤而死，雪梅不顧秦父的百般阻擾，前往祭吊，且決心爲商琳守寡，照顧商
琳與女婢所生之子，即是商輅。

籤題： 第 47 籤　劉（柳）永做官蔭妻兒

籤文： 柳永將愛妻謝天香託付好友錢可照顧，趕京赴考錢可保護天香的官妓
　　　　身份，名爲納妾實爲代柳永照顧。柳永中狀元，錢可澄清眞相，歸還
　　　　其妻使其團圓。

出處： 關漢卿北曲雜劇：《錢大尹智寵謝天香》

案： 北宋詞人和妓女謝天香悲歡離合的故事，描述淪落青樓婦女的命運，悲
　　　喜交融，喜劇收場。

　　由此可以看出當時北劇也隨著時代的巨輪渡海來臺，下鄉於廟口前，映
入信民眼瞼，生動感人。

第六節　俚語、民俗和其他故事

　　早期社會家庭與家庭，人與人之間，經常引用勸戒的通俗話語，充滿警
惕的故事內涵，無形中成爲人人日常生活中拿來引用舉例的口頭用語模式。

一、俚語

籤題： 第 33 籤　銅銀買紙襪

籤文： 無

出處： 民間俚諺

案： 此爲民間口耳相傳俗諺亦是臺灣早期小販買賣生意流行語，是說買空賣

空，互相欺騙的意味，全句是：「銅銀買紙襪，雙人暢」意思是：拿銅銀〈假錢〉買到假貨，兩方都以為佔到好處，其實兩方都互相欺騙，結果兩方都是空的，暢是高興的意思。

記錄在日本統治臺灣時期，日本總督府自民間採得的俚俗諺語，《臺灣俚諺集覽‧十七項〈金錢財貨〉》第十九篇。〔註93〕

籤題：第 41 籤：閹雞拖木屐

籤文：先說：戲文「閹雞拖木屐」，門戶不相當

出處：民間俚諺。

案：此俚語筆者訪查多位耆老，搜得兩種說法，一是得過且過的意思，一是力不從心的意思，閹雞是已去勢的雄雞，在失去了應有的雄風與功能，又拖著木屐（拖鞋）覓食，也可拿來形容吃軟飯的男人沒有自我，寄妻籬下，無權無勢，混口飯吃，用閩南語講《閹雞拖木屐，不夠力》是力量不足，或能力有限。

解籤重點：勸其自立自強，自我充實。

籤題：第 48 籤（竹苗）蜻蜓飛入蜘蛛網、（桃）蜻蜓誤入蜘蛛網

籤文：蜻蜓善飛，能捕食害虫，有益於農事，穿花過柳誤入蜘蛛網內，自己未能將網刮破而脫離災難。又無大風所過，織身無助。必有一死，主天數難移也。

再說：蜘蛛網；顯然是指一念之差，誤入陷阱。前進後退都覺困難。

青少年「迷網」也是病，求神。

出處：民間俚諺。

案：民間俚語全句：「蜻蜓飛落網，這關財運空」。〔註94〕

二、民俗和其他故事

籤題：第 12 籤（桃）桃花女流勿太歲

籤文：洛陽村周公善卜，任二公有女叫桃花女喜好解讓法。周算石留住及彭祖各當於某時死，皆從女讓法得活。周大焦恨，設計強取女為媳。演

〔註93〕見臺灣總督府編：《臺灣俚諺集覽》（台北：南天書局出版，1914.05 初版），頁 617。該書於民間採錄早期臺灣風俗習慣的俚語。

〔註94〕見陳清和《談籤詩說八卦》（嘉義：玩索讀書會策劃，陳韻如出版，2003.5 出版），頁 226～228。

變翁媳鬥法，而女一一破之。周始大漸服，終於凶事自消夢自醒。

出處：清，夢花主人撰《桃花女鬥法‧桃花女以法被法，周公爺圖害被害》（第十四回）

案：故事來源除了《桃花女鬥法‧桃花女以法被法，周公爺圖害被害》第十四回，由清夢花主人撰，全書共一十六回〔註95〕，另有陸安傳說之一《周公桃花娘的故事》，是劉萬章小時後因為和母親於廟躲雨聽廟祝說的，故事增加周公和桃花女鬥法由陽間鬥到陰間，被玄天上帝收服，當了身邊神將。〔註96〕

同時也是臺灣早期社會盛行歌舞小戲，又稱「車鼓弄」，是舞姿與歌唱的綜合體；相當特殊，「桃花過渡」是此類表演頗為有名的一齣戲，載歌載舞別具韻味，屬《挑逗相罵類》，完全為休閒消遣。〔註97〕

籤題：第13籤　撐渡伯行船遇太歲

籤文：桃花搭撐渡伯船過河，伯見其美色，與之約定唱歌比賽。桃花若贏，可免費過河，若輸，要嫁伯為妻。桃花機靈得勝。

出處：民間小戲《桃花過渡》

案：同上

籤題：第50籤（桃）小兒遇三煞

籤文：此籤告訴當事人，教子訓孫立門戶，自然前途得好音。所以，小兒不可不教，歲月不待人也。又戲文；小兒遇三煞。莫為頭戴紅帽子，偷閒懶惰誤自身。

出處：口耳相傳的民俗

案：民間術士說法，小兒剛出生，用生辰八字算命，符合《關煞》者，要避，才能順利成長，嚴重的關煞有《一弓二箭三槍》意思是說孩子命中刑剋父母，與父母緣薄，只能稱自己父母為《叔、姨》，或應給神當義子，其他如：《百日關》、《五鬼關》，《火關》、《水關》……等。

〔註95〕見（清）夢花主人撰：《桃花女鬥法》（合肥：廣文書局編譯所，1980春出版），無頁碼。

〔註96〕見劉萬章：《中山大學民俗週刊‧周公桃花女故事，1933年》（四十一‧四十二合集‧神號專刊），頁98～103。

〔註97〕見簡榮聰：《臺灣民村民謠與詩詠》（南投：臺灣史蹟源流研究會發行，1994.6出版），頁9。

籤題：第 50 籤（竹苗）小兒路遇惡鬼

籤文：宋定伯返家途中，追兔迷路遇見鬼，兩人互相介紹以同類相認乃結伴同行，並互相背著對方走路，因宋有重量被老鬼懷疑非鬼。宋乃以新鬼較重矇騙老鬼且套出鬼怕人吐口水的死穴。到了市集宋定國向老鬼吐口水讓其變羊賣了得錢。

出處：晉・干寶《搜神記・宋定伯賣鬼》卷十六

籤題：第 52 籤（桃）上帝公收龜蛇

籤文：傳說：上帝爺爲屠夫，悔恨殺生過多剖腹於河中，洗罪而死。於是至誠感天，詔還天上，封爲「玄天上帝」，成仙得道，法力高強。但其棄於河中的胃腸卻變成龜蛇，爲禍人間。祂只好親下凡，降服二怪。

出處：姜義鎮著《臺灣的鄉土神明》

案：上帝公的傳說有很多來源，較可信的如下：

玄天上帝又稱「玄武大帝」、「北極大帝」，俗稱「上帝公」、「上帝爺」。〔註98〕根據《禮記》所記載：「前朱鳥，而後玄武」。〔註99〕朱鳥是指南方的七星，而「玄武」，即北方的七星，也就是北斗星、北辰星。爲避諱宋朝開國之君是趙匡胤，「玄」字與「胤」字，才改爲「眞武君」。後來由宋神宗（公元一〇六八年）立爲「玄天上帝」，這就是「玄武星」神人格化的過程。又因住在北極，故稱爲「北辰」，玄天上帝因此又稱「北極大帝」。經典有《北斗經》，俗來多被屠戶奉祀，而被傳說誤稱「北極大帝」是屠夫修成。〔註100〕

〔註98〕見賴宗賢著《臺灣道教源流》（台北：中華大道文化事業 1999 年 2 月 1 日出版），頁 71。

〔註99〕見（漢）鄭康成：《禮記注疏》（台北：世界書局，1986.10 出版），卷三，頁 651。

〔註100〕臺灣民間有二種傳說：一說爲古時候有位屠夫，覺悟殺生不是善舉，乃放下屠刀，洗手不再屠宰，隱藏在深山中修錬；有一天，突然有一位仙人來告訴他說：「這山上有一婦女在分娩，請去幫忙。」他趕忙過去幫忙，果見一婦人手抱嬰兒，便請他代洗產後污物，當他在河邊洗滌時，陡見河中浮現「玄天上帝」四大字，一時豁然大悟，才知道這是「觀音佛祖」顯靈；屠夫受到感召之後，便把自己肚皮剖開，取出臟腑，就這樣洗罪而死，因此至誠感動上蒼天，死後升天爲神，諡號「玄天上帝」。又傳說「玄天上帝」所棄之臟腑和大腿，在地上化爲龜蛇，爲害百姓，於是玄天上帝下凡來收回，此後龜蛇即成爲其部將，至今臺灣民間也以「龜聖公」與「蛇聖公」從祀於北極殿。見姜義鎮著《臺灣的鄉土神明》（台北臺原出版社，1998 年 9 月 1 版 3 刷），頁 29～31。

玄天上帝的確是北辰星的擬化，是北方最高帝座（北極玄天上帝），
祂的祭典（生日）是農曆三月初三日。

故事最大啟發在於教人棄惡從善，也就是說再壞的人只要有心改過向善，都
有成為好人的可能，從世俗說則可功成名就，來生說則可以升天為神。

三、雜項：六則來源頗有爭議性的故事

（一）四則故事來源待考處理如下

楊戩，民間就有很多傳說，一說周朝《封神演義》、二說唐朝《薛丁山的
故事》、三說宋朝《水滸傳》。

三則相關故事依籤文內容判斷，暫時擇其最接近的朝代處理。

籤題：第 11 籤（桃）高俅楊戩當權

籤文：先說：東京城裡有一個浮浪破落戶子弟高俅，後來踢氣毬時，被端王
發現留在宮中做伴。沒半年之間直抬舉高俅做到殿帥府太尉職事。高
俅得權要害都軍教頭王進，使他棄官私走。再說：楊戩是一個得道成
仙的正神。抽到此籤，近君子遠小人，才能處事有利。

出處：待證

案：

1. 若依籤文前半段所（東京城……棄官走私）寫，指的是宋朝開封人，
出身市井：

《揮塵後錄》記載他曾任蘇軾（1036～1101）小史及王詵（1048～
1104 後）親隨，真確性甚高，他後來善待蘇軾後人，亦有確實証據。
據有限史料記載高俅在徽宗的安排下，隨劉仲武（1048～1120）西
征立下邊功，亦曾出使遼國，累積功勞後，即超擢為三衙管軍，十
多年間，擢至武臣最高職位之太尉，最後更晉位使相，爵封國公，
位極人臣。〔註101〕

2. 但依籤文後半段描述的楊戩（……得道成仙），則較像二郎傳神的楊
戩，此又與高俅時代之楊戩差異甚大。

因此有兩種判斷：（1）歷史上宋朝的確有一宦官叫楊戩，此人善用心計，懂
得觀測伺人主意，被寵，當他由簡校少保至太傅時，起了野心遂謀撼東宮。

〔註101〕見《東吳歷史學報・第五期》網站，上網日期：2007.12.24
網址：http://www.scu.edu.tw/history/。

　　故事亦見：《大宋宣和遺事亨集》、《宋元平話》、《宋人筆記小說》《揮塵後錄》、《水滸傳》。（2）但若是故事重點在得道成仙，則故事來源應取《封神演義》或是《薛丁山的故事中之二郎傳神》。

　　但若依民間相傳有一楊戩頗受喜愛具有神力而且有三顆眼睛，如《新開天闢地歌所載：

　　　三蕊目唌是楊戩，去鬧地府猿齊天，有掛靈霄分寶殿。〔註102〕

　　　三目楊戩是天將，楊戩伊去把中央，代先問天今問地。〔註103〕

由上，楊戩的身份也許可以確定爲小說人物，至於取宦官楊戩，應是後人修改配籤故事的結果。

籤題：第18籤：楊管醉（翠）玉仝坐馬

籤文：宰相千金翠玉戰亂中與母親失散，遇楊管，用自殺請求收留。楊管以
　　　　衣服相隔讓女上馬。得安全。（2）

出處：待證

案：楊管查無此人，若是印字錯誤，應是楊綰，於唐有一人，見《舊唐書卷
　　　一百十九：列傳第六十九》，楊綰字公權，華州華陰人，有戲劇流傳。

籤題：第56籤（竹苗）楊戩得病在西軒、（桃）楊戩得病

籤文：楊戩曾練過九轉玄功，是一個肉身成聖的神仙，且言潼關余德祭起五
　　　　方雲，來至周營，站立空中潑酒五斗毒痘。楊戩知道痘疹乃是傳染之
　　　　病，故此夜間不在營中，因此上不曾侵染；此籤警告當事人，預防勝
　　　　於治療，不能不謹慎你的作法。

出處：待證

案：此故事暫時取自《封神演義》第九十二回：楊戩哪吒收七怪〔註104〕

籤題：第10籤（桃）奉吟受災

籤文：錄自；三條崙、包公廟，籤詩「戲文」如下；奉吟是一位未出嫁的姑
　　　　娘，一次的受災險送命。

出處：待證

〔註102〕見佚名《新開天闢地歌》（新竹：竹林書局發行，1989.6月第九版），頁1。
〔註103〕見佚名《新開天闢地歌》（新竹：竹林書局發行，1989.6月第九版），頁2。
〔註104〕見（明）陸西星：《封神演義》（台北：臺灣文源書局，1988.06再版），頁796
　　　　～805。

案：「奉吟」，尚無正確出處，筆者自民間採錄有三種說法：《包公傳・鍘美案
〈秦香蓮與陳世美〉》、《唐・張籍〈節婦吟〉》、《唐・韋莊〈秦婦吟〉》，
但細看內容又似乎不太符合，筆者判斷亦是籤詩印刷製版時造成的錯
誤，因此本故事存而不論。

（二）兩則故事主角同名，卻發生在不同時代

籤題： 第 19 籤（桃）范丹未出身丹妻殺九夫

籤文： 范丹還沒出身的時後，丹妻受「命運」的因素在作祟。凡人無福匹配
她，若講要娶她爲妻者，立刻就死。這樣一直剋死了九個人。才尋著
東漢高士，桓帝時萊蕪長的范丹求親，結成夫婦。正是姻緣天註定，
終得好結尾。

出處： 待證

案： 此故事筆者自民間尋得四種說法，且均屬口傳類型，於史無憑 ——

1. 范丹的妻子，嫁給范丹以前，九度出嫁夫皆死，想到自己命運不順，
   悲傷欲投江，巧遇一個乞丐叫范丹，救了她，兩人結婚，此後共渡一
   生。〔註 105〕

2. 據民間客家傳說的故事，晉朝財王石崇的女兒，先是嫁過九任丈夫，
   丈夫不是病死就是意外死亡，石崇叫她騎驢出門再去找丈夫，後來遇
   到范丹，總算婚姻順利。〔註 106〕

   但石崇有無女兒如此命運，無考。而他的奢侈史有記載於《世說新語・
   汰侈》第三十，石崇的妾；綠珠的貞節也被後世人編成故事《綠珠傳》。
   戲劇則有明・畢魏撰《竹葉舟》。

   范丹的妻（石崇女）嫁九夫，成了諷刺清的早期對臺禁令（施琅禁止
   女人和家眷來台的政策）。

   以當時環境閩人遷台，女人已經太少，造成很多男人共有一個女人，
   於稍慢；再有客家人來台，女人變得更加稀有，因而《范丹妻殺九夫》
   是早期社會；男人對女人不足，所發出不滿的「罵語」，亦是對臺灣女
   人多夫《臺灣女人九夫全》的諷刺，反應在《渡臺悲歌》歌詞「范丹
   夫人殺九夫，臺灣女人九夫全」，全句是說當時女人嫁過那麼多丈夫，

〔註 105〕見臺灣總督府編：《臺灣俚諺集覽》（台北：南天書局 1991.10 複刻版發行），
頁 195。
〔註 106〕見《客家傳說故事網站》上網日期：2008.05.31 網址：www.nhcsec.gov.tw/learn/。

還是有男人要。

3. 「殺夫」其實是剋夫的意思，故事原來只演一名富家千金（命中帶剋）因丈夫死亡再嫁，但因演出當天，女主角病了，缺席，臨時換人上場，不知如何演出後續情節，為了撐過時間只得在同一情節重複演出，導致死一個丈夫成了死九個，通俗說法稱其「歹戲拖棚」巧的是適逢當時臺灣社會，女少男多（如上2所述）的局面，造成該演出扣應人心，於是這突然串出的情節相延不改，繼續流行。〔註107〕又原來故事其人有名無姓，只叫「丹」後因日方治臺時，調查民間舊慣與陋習，知道歷史確有一人叫范丹，從此借來延用。

日後戲班為表現殺（剋）夫情節，台上表演的女伶果真拿刀殺九個丈夫，演出逼真頗為血腥殘忍，於國民政府遷台後，被列入傷風敗俗之戲而慘遭禁演，該戲走入歷史〔註108〕，沒有留下文本。

4. 民間研究籤詩人士，乃尋范丹之名找到東漢末，桓帝時的萊蕪長叫范丹，受業於樊英，而加入娶樊女月霞為妻的故事配籤。〔註109〕

范丹，史書收錄的有：《後漢書卷十八·獨行列傳第七十一》《藝文類聚卷第六》和《搜神記·卷十七》，稱為「貞節先生」。

至於樊英是否有女叫月霞，嫁范丹之前有無剋死九夫，查無記載。

籤題：第26籤（竹苗）范丹洗浴遇賢妻

籤文：范丹：看馬兒舒坦吃草因而頓悟，放棄官差，學做閒人，丟棄官服以稻草遮身，路過湖邊泡澡，稻草被馬吃了，遇女樊月霞。答應娶樊女為妻，以換取一套藍布短衣褲。放棄功名利祿二人結為恩愛夫妻。（3）

出處：同上

案：此故事的范丹完全取東漢末的范丹塑造，其人個性有志節，筆者特別留心，發現閩人居住地的廟宮多配此故事，與《范丹妻殺九夫》故事內容完全不同。

〔註107〕故事來源得自新竹《關帝廟》廟前香客一名老媽媽今年大約87歲，5至6歲時加入戲班，就回憶兒時聽戲班阿姨提過。是否正確不得而知，僅記錄列入參考。

〔註108〕此齣戲（國民政府來台時，故 蔣中正總統，下令禁演）。此來源得自新竹「竹林書局」第二代林老闆娘口述。

〔註109〕此來源由陳易傳提供：該故事內容由北港朝天宮口述，范丹此人則由嘉義民間文社「麗澤詩社」找到。

第七節　本章小結

　　由《聖母籤》故事探討證得：一、歷史故事同時也是戲劇故事。二、籤詩故事與戲劇密不可分。三、若能從另一角度了解故事，可以增加新的解籤輔助方向。四、民間懂得將俚語運用於日常生活。五、早期臺灣已發展了本土小戲。六、臺灣早期農、魚村曾經流行說書講古的行業。分述如下：

一、與文體有關者

　　詩籤故事發展流傳至今，不知不覺成為解籤的要項，其中亦有不少故事散見於：

　　1. 臺灣早期農村戲劇如梨園戲、歌仔戲、布袋戲的戲目。〔註110〕

　　2. 臺灣早期歌謠如〔註111〕：《六十條手巾歌》〔註112〕、《新開天闢地歌》〔註113〕和客家歌謠《渡台悲歌》等歌詞中，僅摘錄若干節如下：

　　《六十條手巾歌》（節錄部份與籤題相彷的）

　　　一條手巾四角箱，陳三私通拐五娘，
　　　林大探聽只號樣，趕緊狀詞做一張。

　　　二條手巾繡玉枕，御駕親征李世民，
　　　薛禮帶兵追太緊，回朝欲除大奸臣。

　　　四條手巾二尺長，姜女尋君出外方，
　　　不驚長城路頭遠，堅心欲找范杞郎。

　　　十條手巾繡龍蝦，丁山掛帥欲征西，
　　　失誤射死因爸爸，奉旨帶孝去求妻。

　　　十四手巾繡八景，薛剛酒醉鬧花燈，
　　　李治騎在城樓頂，被伊驚死真不明。

〔註110〕見簡榮聰：《臺灣農村民謠與詩詠》（南投：臺灣史蹟源流研究會發行，1994.06 出版），頁 91～93。

〔註111〕同註 97 頁 111～116。

〔註112〕見無作者：《六十條手巾歌》（新竹：竹林書局發行編印，1990.08 第九版），頁 1～4。

〔註113〕見無作者：《新開天闢地歌》（新竹：竹林書局發行編印，1989.06 第九版），頁 1～21。

《新開天闢地歌》

　　子牙下山塊看命，出乎去掠琵琶精。

　　三國桃園三結義，九伐中原是姜維。

　　三蕊目瞎是楊戩，去鬧地府猴齊天。

　　王翦去入五雷內，薛剛好漢打擂台。

　　梨花殺夫名楊范，仁貴死在白虎關。

《渡台悲歌》

　　范丹夫人殺九夫，臺灣女人九夫全。

　　《聖母籤》故事大部份來自各類戲劇，在廟前「表演獻藝」留下來的記錄，有些是南戲的經典如《薛仁貴、楊宗保》、梨園戲的盛行如《周德武》以及有些是北雜劇的精華如《白兔記》《二度梅》，還有民間流行常用之俚語與常聽之故事及傳說。〔註114〕而就題材言又可歸納為：出於正史的，如：《姜子牙》《蘇秦》《三國人物》《郭子儀》《薛仁貴》《朱壽昌》《包公》一類，出於民間傳說的，如：《孟姜女》《白蛇傳》《梁山伯與祝英台》一類，出於戲曲的，如：《留鞋記》《荔枝記》《雪梅教子》一類。

　　依當時臺灣早期社會環境的人民素質，和有限史料，信眾對歷史人物的認識來自於戲劇的可能性比較高。

　　再說從《籤詩》的格律及韻腳〔註115〕，來審視故事取材則：

　　（一）若依能力先自正史取得資料憑以創作大部份平仄不諧〈見本文第二章第三節〉的《聖母籤》可能性應是很低的。

　　（二）相反的，若依環境只為配合非正統格律詩籤的解說，要從正史找出各類史事，道理上也說不通。

　　而前人研究關於廟籤故事有多種配套一事，據筆者推測起因於戲班將同一故事不同時日在甲地演了若干單元，再到乙地演續集單元，如三國故事，甲地演「劉備與家人失散」，乙地續演「趙雲救劉夫人與後主」，甲地演「關

〔註114〕筆者外公生於民前二十五年，年少時即聽聞諸多鄉民長輩口述許多廟前故事，亦即今日的籤詩故事，外公亦常說給家人聽，民國四十三年外公從苗栗縣南庄鄉東河國小，校長退休，老年在竹南，均以免費義務幫助里民解籤詩、寫春聯，家中亦備有毛筆寫的《解籤本》，但沒有印象書上是否附帶籤題故事，可惜該書今已不知去向。

〔註115〕見本論文《附錄一》籤詩韻角腳用了《飛雁出群格・飛雁入群格》皆是民間小文人喜用之法。

羽入曹軍」，乙地續演「關羽尋劉備」。或同一故事也許甲地上半月演出，乙地下半月演出，或者戲班在同一廟宇演出多日，同一故事分數集演出。而廟方將演戲劇目記載於籤紙上，一來上告神明，二來做為與戲班結帳之備忘，久而久之，無人問起，下次再增印籤紙時，未詳問籤紙上故事記載因由，一概列入，因而造成各地籤上所列故事不同。

因此可以確定籤詩故事多數見於戲劇表演，也足可說是早期臺灣民間信眾敬神、娛樂和休閒的生活寫照，又可探其各類戲劇在明末（鄭成功來臺後）至清朝陸續移至臺灣蓬勃發展的軌跡，不只證明了南戲渡海來台，同時北雜劇（京戲）亦飄洋過來到臺灣起了藝術交流與地方結合，且臺灣本土又發展了民間小戲，像：陳三五娘、桃花過渡。又得證民眾之間言談互動亦盛行講些俚語像：閹雞拖木屐。

因而使歷史人物和故事人物巧妙的存活在民間有如：

一、以人物創造不朽故事，最經典如：姜子牙、蘇秦、關羽、包拯。

二、以故事創造小說英雄，人物代表如：薛丁山、楊宗保。

三、憨厚耿直，可代表農村草地郎單純形象及愛情自由，如：郭華、陳三。

以上諸多故事不但深入民心，甚至成為民間口頭用語，很多居民皆可朗朗上口，在日治時代，日人於民間調查蒐集〔註116〕，略舉數句如下：

奸雄　若曹操裡

卻說　唐朝李世民

姜太公釣魚　願者上鈎

姜女送寒衣　沿路苦風霜

子龍一身都是膽

范丹妻　殺九夫。

二、增加新的解籤輔助方向

以故事涵義探討得出新的提醒方向，有別於廟宇流通之《解籤本》解法，可輔助解籤擴大點化迷途信眾的功能有：

〔註116〕見臺灣總督府編：《臺灣俚諺集覽》（台北：南天書局，1914.5 初版 1991.10 複刻版），頁 192～195。

籤　序	籤　題	擴大點化信眾功能
13 籤〈桃〉 19 籤〈竹苗〉	三藏被紅孩兒燒 紅孩兒捷住路頭	解籤新方向：提醒可遇貴人和抱持希望，用在孩童教育問題是找對老師和尋找對的教法。
15 籤〈桃〉 17 籤〈竹苗〉	渭水河釣魚武吉挑材打死人 姜尚未卜吉凶事	解籤新方向：提醒對方心謹慎，做事應找對方向，求助於人要找對人。
17 籤〈竹苗〉	莊子破棺	解籤新方向：問婚姻與感情，提防對方變心，若愛情上對方已變心者，勸其看淡。
53 籤〈竹苗〉	蘇秦夫妻相會	解籤新方向：勸人堅忍努力，持之以恆，對另一半，或預做之事則要報持信心
52 籤〈桃〉	上帝公收龜蛇	解籤新方向：提醒君子不二過之道理和棄惡從善的決心。
41 籤	閹雞拖木屐	解籤新方向：鼓勵自立自強、自我充實
37 籤〈桃〉	正德君戲李鳳姐	故事引用範圍到兩人成婚即可。

三、民間盛行說書講古

　　日人片岡巖，於臺灣下鄉採訪收錄民俗時，有一段臺灣雜業的記載：

> 講古的人稱講古先生，在廟內或廟前、市場等，人多的地點設場，排幾隻小凳子給聽眾坐，手持《三國誌》《水滸傳》《三才子》《封神演義》等小說，一面唸，一面講解。聽眾可免費收聽，有趣者投一、二分錢給講古先生做報酬。〔註117〕

由此見證，《聖母籤》的故事除了來自歷史故事、戲劇故事，民間俚諺、傳說和民俗等，亦應有加入講古的資料。

〔註117〕見（日）片岡巖著，陳金田譯：《臺灣風俗誌》（台北：大立出版社出版，1981.1月初版），頁 119。

第五章　六十甲子聖母籤的譬喻

第一節　譬喻之意義和討論方式

　　寫作文體，不論是詩、詞或散文，大致有其可尋的章法，以修辭來說就
有很多形式，例如：譬喻、夸飾、借代、排比、轉化、倒裝……等，一般均
以注重變化為原則，舉譬喻為例，普遍出現三種方式：一是明喻；如：「君子
之德如風」。一是隱喻；如：君子之德風也。一是借喻；如：「先生之德，山
高水長」。〔註1〕

　　又譬喻猶如《文心雕龍・卷八》所談的比興〔註2〕，梁・鍾嶸；在《詩品》
序也提到：「文已盡而意有餘，興也，因物喻意，比也。」

　　「比、興」之意，屈萬里更加明白的解釋說；比是假桑喻槐；且引用朱
子和鄭樵的話；然後重述一遍說：「興者，先言他物，以引起所詠之詞」；又
說所謂興體詩開頭一二句多半和詩人要詠的本事無關。〔註3〕

　　可知古今皆然，以譬喻的寫作章法，是有其自然形成的風尚，當然《聖
母籤》亦多處運用，列舉如下：

〔註1〕見陳望道著：《修辭學發凡》，上海：新藝文出版社，1955.2 月第一版，19 頁。
〔註2〕見（梁）劉勰著，（清）黃叔琳注・紀昀評：《文心雕龍注》，台北：世界書局
　　　　印行，1982.2 初版，頁 129～130。
〔註3〕見屈萬里著：《詩經釋義》，台北：中國文化大學出版部印行，1988.5 三版，
　　　　敘論，頁 11。

一、以明喻為修辭方式出現的句子如：

　　恰是行船上高灘。福如東海壽如山。

二、以隱喻為修辭方式出現的句子如：

　　日出便見風雲散。雲遮月色正朦朧。

三、以借喻為修辭方式出現的句子如：

　　虎落平洋被犬欺。黃金忽然變成鐵。

本章所稱譬喻是包括上列所舉明喻、隱喻和借喻的範圍。

　　《聖母籤》需要說明譬喻的機會是出現在解籤時，而就目前寺廟解籤來源有：一、《通俗解籤本》〔註4〕，二、解籤員；和三、廟祝〈或廟的管理委員〉說明，信眾借此體會領悟；解惑消災。

　　籤句譬喻的使用，可以涵蓋較廣的指涉層面，目的是用抽象的語詞指明具體的不特定對象，以「日出便見風雲散」為例，若求問者是為含不白之冤而來，「日」指能夠替他主持公道的人，而對一個求職不順者而言，「日」有可能是新的工作機會或新的老闆。這樣使得信眾面對己身的困惑，因為透過自由聯想而找到接近心中想要的解答。

　　但通常信眾所尋獲的籤解，仍然只是一種模糊的提醒與安慰，延用上例「日出便見風雲散」，信眾很可能只被告知：「這是吉籤，前途有光」最後有賴信眾自己想像，所以一般信眾心中還是存著只知其然，不知其所以然的迷惑感覺，再加上因為時代的快速變化，速食知識取代傳統文字意義的真髓，而影響信眾對籤句的理解，據筆者訪查多數信眾早已遺忘籤句的字面意思更別說是句中隱含的深意，竟致不甚了了。

　　以下進一步探討籤詩及其譬喻，乃將六十首《聖母籤》依字句意思分類為：

一、上吉籤：詩句完全呈現吉祥者。

二、中吉籤：詩句意思較為模糊如（若能、時來，只恐）且多半含有勸、守、鼓勵者如（勸君、勸爾、何須）。

三、小吉籤：比較直接清楚的告示提醒和勸戒如：前途未遂運未通、任他改救終不過，（此部份通俗說法叫下籤，但求籤問事目的是趨吉避凶，下籤所示語氣雖重；反而具有告誡意義讓求籤者做到躲避災難

〔註4〕桃、竹、苗地區：《聖母籤》廟宇使用《解籤本》，多數廟方已棄原本封面再加以改裝，因此無特定版本和作者。

的效果），所以本文用「小吉籤」稱之。

由上三等原則將《聖母籤詩》分類歸納如下表：

籤序	類型	籤序	類型	籤序	類型	籤序	類型	籤序	類型	籤序	類型
1	上吉	11	中吉	21	上吉	31	中吉	41	中吉	51	中吉
2	中吉	12	上吉	22	上吉	32	小吉	42	小吉	52	中吉
3	中吉	13	小吉	23	小吉	33	中吉	43	中吉	53	中吉
4	中吉	14	上吉	24	上吉	34	上吉	44	中吉	54	中吉
5	中吉	15	中吉	25	中吉	35	中吉	45	中吉	55	小吉
6	小吉	16	小吉	26	中吉	36	中吉	46	中吉	56	中吉
7	中吉	17	中吉	27	上吉	37	中吉	47	中吉	57	中吉
8	上吉	18	中吉	28	小吉	38	中吉	48	小吉	58	中吉
9	中吉	19	中吉	29	中吉	39	中吉	49	中吉	59	中吉
10	小吉	20	小吉	30	中吉	40	上吉	50	中吉	60	中吉

六十首籤詩分類得出三種等級：

一、「上吉籤」十首計：第 01、08、12、14、21、22、.24、27、34、40
等。

二、「中吉籤」三十九首計：02、03、04、05、07、09、11、15、17、18、
19、25、26、29、30、31、33、34、35、36、38、39、41、43、44、
45、46、47、49、50、51、52、53、54、56、57、58、59、60 等。

三、「小吉籤」十一首計：第 06、10、13、16、20、23、28、32、42、48、
55 等。

就以上三類，先將寺廟附設之「籤解資料」依次整理。

再次討論每首詩籤上，所示詩的譬喻和象徵，且又將部份通俗籤解稍做
檢視。

本文乃又將譬喻更明確界定範圍是：不直接說明，或可能用甲說乙，皆
屬之。

《聖母籤》籤句譬喻依取材性質歸類如下：

類　別 上、中、下	取材大自然 日、月、風、雲	取材植物 禾稻、花、木	取材其他和 術士用語
上吉籤	日出便見風雲散 紅日當空常照耀 月出光輝四海明 恰是中秋月一輪 長江風浪漸漸靜 風恬浪靜可行船 浮雲掃退終無事	禾稻看看結成完 花開花謝結子成 寬心且看月中桂	還有貴人到家堂 財寶自然終吉利
中吉籤	恰是中秋月一輪 雲開月出見分明 雲開日出照天下 月出光輝得運時 若遇一輪明月照 月出光輝本清吉 浮雲總是蔽陰色 風雲靜處未行龍 風雲際會在眼前	若能遇得春色到 看看欲吐百花魁 選出牡丹第一枝 若見蘭桂漸漸發 綠柳蒼蒼正當時 枯木可惜未逢春 萬事逢春正及時	命逢太白守身邊 靈雞漸漸見分明 龍虎相隨在深山 龍蛇交會得和合 去蛇反轉變成龍 蛇身意欲變成龍 看看祿馬拱前程 凡事且看子丑寅 但看雞犬日過後 雞犬相聞消息近
小吉籤	風雲致雨落洋洋 漸漸日落西山去 雲遮月色正矇矓	花開結子一半枯	命中正逢羅孛關 虎落平洋被犬欺 龍虎相交在門前

將歸納得出之譬喻籤句，隨每首《聖母籤》進行探討分析，因此本文論述條件依序羅列成三個項目：

一、籤詩主體：七言四句詩。

二、解說：轉錄桃竹苗多數廟宇的通俗解籤本說法。

三、譬喻和討論：論述字義、詞義運用於解籤的潛在意思。

第二節　上吉籤的譬喻

十首吉籤如下：

第 01 籤：

> 日出便見風雲散
> 光明清淨照世間
> 一向前途通大道
> 萬事清吉保平安

解說：只要太陽一出來，就會風消雲散；只要光明一普照，世間便見清淨太平。前途是光明遠大，只要努力奮進，正是：「條條道路通羅馬。」只要你做事無愧於心，神自然會保佑你萬事平安。

譬喻和討論

「日」是太陽，取其能量很強，獨一無二的性質，用來比喻有影響力的人，如父親（註5）、上司、長輩，又泛指貴人，也可當時機解。

「雲」通常不能單獨解釋，必須有所連，形成一個詞，如：浮雲是指阻礙、蒙蔽之物，彩雲是天上呈現的美麗色彩，烏雲是說變天了，這裡的風雲則含有快速的無法預測的危險或困難，或是說突發的事件。

「風雲散」是說：困難可解。

因此「日」和「風雲」就含多種隱喻，例如：若問病，日指醫生，風雲指病症。若問功名，日指師長，上司，風雲指所遇之困難（考關）。工作（晉升）的阻礙。若問官事，日指律師、檢察官、法官，風雲指官非。

但不論求問何事，重點顯示在第三句：一向前途通大道，而預測的未來：萬事清吉是好的。

第 08 籤：

> 禾稻看看結成完
> 此事必定兩相全
> 回到家中寬心坐
> 妻兒鼓舞樂團圓

解籤本：田裏稻穗累累，知道今年又豐收了。

　　　　辛苦的耕耘，必有豐盛的收穫，這事是兩相關的呀！

　　　　看到好的收成，心中多麼高興，回到家裡跟

〔註 5〕「日」與「月」民俗說法是象徵父與母，如額頭左右隆起處叫日月角，日是父，月是母，日是陽，月是陰。

妻兒們快快樂樂地載歌載舞。

譬喻和討論

「禾稻」：取其收獲的季節，代表收成、結果，也可拿來做時間的比喻（稻子成熟採收的季節農曆六月或十月）。「妻兒」：並非單純指太太和小孩，倘若是未婚信眾求得此籤，當指：最親之人；親信（身邊之人）。團圓又指圓滿的結果。

因此，若問六甲；「禾稻」比喻懷胎，「結成完」象徵可成孕。若問功名，「禾稻」指努力讀書的過程，「結成完」指考試考中、工作錄取。若問事業，「禾稻」指努力經營的過程，「結成完」指有成果有收穫。

明白說，要有收成（結果），須要辛苦實做過程，此籤乃是說；所問任何事情皆要經過一段努力耕耘（經營）的時期。

第 12 籤：

長江風浪漸漸靜
于今得進可安寧
必有貴人相扶助
凶事脫出見太平

解籤本：長江的風浪漸漸平靜了，現在船隻可以前進，可以安寧無事。只要努力前進，定會有貴人相助，即使遇到困境，也能逢凶化吉，化險為夷！抽到此籤，先凶後吉，逢凶化吉之兆。如有困難，現在慢慢可以化解，不必憂慮，否極泰來，風浪終會過去的。

譬喻和討論

長江風浪：暗喻碰到風波不小的困難或麻煩事，整句是用自然之境比喻惹禍上身或遇到棘手問題慢慢在平息中。若問歲君，長江風浪比喻遭逢的惡運，漸漸靜象徵逢凶化吉，若問官事，長江風浪比喻興訟之事，漸漸靜象徵得平息、勝訴。

第 14 籤：

財中漸漸見分明
花開花謝結子成
寬心且看月中桂
郎君即便見太平

解籤本：財運來臨漸漸明顯，正像那花開花謝後，結滿樹上的果實。不必焦
　　　　急，且寬心等待中秋節到來，你所企盼的郎君將會與你共渡太平愜
　　　　意的日子了。

譬喻和討論

　　以花開花謝象徵事件從開頭到結尾的過程。而月中桂可喻為看到成功或
功明在望。又因晴朗的天氣，才能看到「月中桂」，所以又能說是明朗完滿的
結果。回答求問爭訟者，也是一支好籤。

　　此籤解籤本的解說只適合解答求問婚姻，和求問遠方良人何時歸？

　　若求問功名呢？可以這樣解說：剛才問的，答案越來越清楚了，你經過
一段時間的努力，會有好的結果，放心回家吧！你隨時就可以得到好消息了。

第21籤：

　　十方佛法有靈通

　　大難禍患不相同

　　紅日當空常照耀

　　還有貴人到家堂

解籤本：我佛法無邊，神通廣大，只要你信仰虔誠，即使遭遇大難禍患，結
　　　　局自亦不同，所謂「吉人天相」，逢凶化吉，化險為夷！何況陽光普
　　　　照之下，又有「貴人」來家裏保佑你呢！

譬喻和討論

　　十方佛法是取自佛教常用語，通指天理，也象徵四處都行得通而且是好
的道理。紅日可比喻正顯耀，紅日當空也可象徵正好的
時機。家堂正解為家指夫妻或家庭、堂指正室或官署，
因此此籤問事業是說貴人到公司。

第22籤：

　　太公家業八十成

　　月出光輝四海明

　　命內自然逢大吉

　　茅屋中間百事亨

解籤本：姜太公到八十歲才成家業，你何必急呢？一個
　　　　人的機會一到，就像雲開月出，光輝普照天

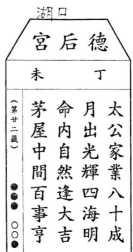

下，大放光明！命中時機若到，自然飛黃騰達，大吉大利。在時機未來前，就暫時穩守在家等後吧，這樣反可以百事順利呢！

譬喻和討論

太公象徵成功晚成。月出光輝比喻貴人指點，豁然開朗。命內是說天賜的福份。此籤是說原本無事，一切自然吉祥。

第 24 籤：

月出光輝四海明

前途祿位見太平

浮雲掃退終無事

可保禍患不臨身

解籤本：俗云：「十年寒窗無人問，一舉成名天下知。」錦繡前程，如同月出光輝，四海皆明，人人可仰望。那坎坷的過去，就像烏雲般被一掃而空。此去太平無事，不必再憂慮禍患臨身！

譬喻和討論

月指貴人，或母親或泛指女性，光輝是由月展現的，可指能力或方法。此籤將前途祿位比喻為工作衣食。

太平是取：「天下太平」之意，又見歷代有豐功偉業的帝王，優良治績都被稱作「太平盛世」，太平又喻政治清明因而此籤以「太平」比喻平安、順利和好結果。

浮雲通指阻礙，也指小人，又可暗喻心中之煩惱。

第 27 籤：

君爾寬心且自由

門庭清吉家無憂

財寶自然終吉利

凡事無傷不用求

解籤本：勸你不必為俗事操心，且寬心自由自在的生活。只要在家裡平安無事，財利自然源源而來。凡事命裏有時終須有，命裏無時莫強求。

俗語說：「是福不必躲，是禍躲不過。」任何事情，求順其自然最好。

此籤即告訴當事人，一切聽從命運安排，不必憂慮操心。

譬喻和討論

財寶在此籤明指財富；暗指才德（行為）。

對一個身遭流言中傷、毀謗之苦者，抽得此籤，當可安慰其：家庭祖上有德，又因己身修持，絲毫不受損傷，不用擔心。

第 37 籤：

　　　　運逢得意身顯變

　　　　君爾身中皆有益

　　　　一向前途無難事

　　　　決意之中保清吉

解籤本：人遇到得意的好運氣，身價也隨著變化。福至心靈，你所做的事，
　　　　都會是有意義的事情。前途一定無難事，只要你有決斷，自然順利
　　　　成功。

譬喻和討論

　　運逢得意是一種自然碰到非刻意求得，則求得此籤者，只要勸其安心即成。

第 40 籤：

　　　　平生富貴成祿位

　　　　君家門戶定光輝

　　　　此中必定無損失

　　　　夫妻百歲喜相隨

解籤本：古云：「死生有命，富貴在天。」一生只要有富貴之命，一定有祿位
　　　　可求，也一定能夠光耀門楣。家和萬事成，而且夫妻百年和合，夫
　　　　唱婦隨，一定有收穫的！

譬喻和討論

　　祿位同第 24 籤，象徵：官祿、衣食、福份，乃是民間術士慣用語。

　　此籤亦是安心籤，若求問合夥生意或開公司，「夫妻百歲」象徵親密無間，
夫妻當比喻長期合夥，或一起打拼之人。

第三節　中吉籤的譬喻

　　三十九首中吉籤如下：

第 02 籤：

> 于今此景正當時
> 看看欲吐百花魁
> 若能遇得春色到
> 一洒清吉脫塵埃

解籤本：冬天到了，春天還會遠嗎？看周圍的景色多美，百花正含苞待放，
　　　　嬌豔欲滴；春天一到，立刻會有一番新氣象。正是「春到碧桃枝上，
　　　　花發滿城錦繡，鶯歌綠柳樓前，春生大地文章。

譬喻和討論

　　「花」可喻為美好的女子。「春色」可喻為農曆二、三月，或指男女相愛、
或生機勃發、喜悅。春是使百花開放的季節，因此又可喻為最佳時機。

　　一般解籤會把此籤放在上籤，但第三句：「若能」語句不算肯定，萬一碰
到的景況是「若不能」呢？所以「若能」含著「若沒有」「若不能」的危機，
因此全詩重點在「若能遇得春色到」這句話中，有勸慰其：凡事要在等待中
得希望，所以宜等待、宜保守，才會見「脫塵埃」的結局。

第 03 籤：

> 勸君把定心莫虛
> 天註衣祿自有餘
> 和合重重常吉慶
> 時來終遇得明珠

解籤本：勸君不要再三心二意，姻緣天註定，是不能
　　　　勉強的，所謂：「有緣千里來相會，無緣對
　　　　面不相逢。」天作之合，佳偶天成，緣份一
　　　　到，你一定會遇到你所追尋的「明珠」！

譬喻和討論

　　「明珠」人物之美好者、賢。解籤本亦只對求
姻緣的解說，若問求才，明珠是好部屬，若問求職，明珠就是好老闆了。

第 04 籤：

> 風恬浪靜可行船
> 恰是中秋月一輪

　　　　凡事不須多憂慮

　　　　福祿自有慶家門

解籤本：風平浪靜，船行一帆風順，就像中秋明月，圓滿皎潔。凡事不必多
　　　　憂慮，福祿自有不須求，時來運轉，自然喜慶滿門。

譬喻和討論

　　　此籤用「風恬浪靜」比喻平安無事，用「中秋月」取團圓美滿亦是說不
管求問事都有好的結局。

第 05 籤：

　　　　只恐前途明有變

　　　　勸君作急可宜先

　　　　且守長江無大事

　　　　命逢太白守身邊

解籤本：前途恐怕有變故，勸你莫著急。做事既然搶不著先機，就暫時守住
　　　　長江看看，命裡有太白金星保佑，自然不會有什麼大事發生。

譬喻和討論

　　　此籤用長江比喻為後盾、本業、老本。

　　　解籤本把「勸君作急可宜先，且守長江無大事」解成「做事既然搶不著
先機，就暫時守住長江看看」，此解可以再斟酌。

　　　「宜」是適宜適合，「且」用作連接詞，則可解成：若有很緊急攸關身家
性命的事還是先處理，然後守住老本或守住本業。

　　　因而此籤是說：凡事宜守成，不宜創新不宜改革。

　　　「太白」，是神話傳說中的星名，又叫「金星」，繞著太陽運轉，早晨、
傍晚都會出現，是晨星時稱「啓明」，是昏星時名「長庚」，詩經小雅：「東有
啓明，西有長庚。」，若依易經五行論，西方屬金，金色白，天官占經云：「太
白者，西方之精，白帝之子，上公、大將軍之象也。」係福星，稱呼「太白
金星」。

　　　又據民間傳說「太白」原是主殺伐，喻兵戎（或亂世），後乃因人格化，
他老了被玉帝收在身邊當使者，民間供奉他的廟都有白髮慈祥老者的神相。

　　　因而將「太白守身」喻為獲得保護。

第 07 籤：

> 雲開月出見分明
> 不須進退向前程
> 婚姻皆由天註定
> 和合清吉萬事成

解籤本：雲開月出，大放光明，不須再問進退，可以
　　　　直奔前程，婚姻都是上天註定好，只要是天
　　　　作之合，一定和諧美滿！

譬喻和討論

　　此籤取「雲」是盛多之意，比喻煩惱之事或阻礙
之物。雲將如何開？這是重點，若是月出所以雲開，
「月」可當貴人，若雲開而月出，則是說見到真相或含有「水落石出」之意。
用雲代表障礙，則既已消除，當然就看到事物（月）的本相了。

第 09 籤：

> 龍虎相隨在深山
> 君爾何須背後看
> 不知此去相愛恨
> 他日與我却無干

解籤本：你我好比龍虎鬥，卻一起在那深山裡，沒有任何顧慮，卻不知這種相
　　　　愛，乃是一種錯誤的決定，恐怕他日，會變成你我各不相干的局面。

譬喻和討論

　　「龍」喻傑出之人、有名望、有權勢之人。

　　「龍」自古經常被喻為天子、君王，象徵高貴的身份和地位。

　　「虎」：性凶猛，喻為有氣魄之士，虎是山中之王，所以有虎虎雄風威儀
是雄姿英發之人，算得上英雄也稱做好漢。

　　此籤可以探討，「龍虎」應可比喻成兄弟，不一定是對立或相鬥，因為；
山是「虎—百獸之王」的家，龍更是王中的王，龍既然願意隨虎上山；這是
自我抉擇的結果，是在自主權的表現，意味有能力自我肯定，既然如此，那
麼「君爾何須」解釋成「你哪需要」，頗有「不用後悔」的意思，那麼此番決
定，是與他人的看法、說法沒有關係的，則第四句的「日」當作是人，可解
成：他人與我不相干。

　　如是解，則命運有起死回生的機會，整首籤將與原來的解釋完全不同，命運則出現全然的新局面。

　　那麼此籤不管求問任何事項，可說：你都有能力自己決定了，何必再來求問。

第 11 籤：

　　靈雞漸漸見分明

　　凡事且看子丑寅

　　雲開日出照天下

　　郎君即便見太平

解籤本：靈雞一啼，天漸漸亮了，凡是（事）就看明天吧！雲開月出，光照
　　　　天下，你便可看到太平景象了！

　　　　　　這首詩的寓意是，黑夜過去了，雞一啼，黎明就接著來了。一
　　　　個人的一生不會都走霉運的，當時來運轉，正如「雲開月出」，必定
　　　　會有一番新氣象！

譬喻和討論

　　「子丑寅」深夜十一點到凌晨五點，概括六個小時，平常人有心事或有
壓力容易在這段時間失眠，要靜下心來等待天明，需要一點耐心，靜待之後
心情也比較緩和，思想比較清明。

　　以現代醫學角度，這一段時間睡不著也就是有「憂鬱症」傾向，以生理
學角度，這一段時間應該讓人體五臟六腑獲得充份休息。以靈學、神學角度
和民俗說法，這是陰到極點的時段，不睡覺或睡不著；容易卡陰、遭煞，也
就是說：靈魂輕易受侵犯、身體不平安。

　　「凡事且看子丑寅」是說天亮再說吧！象徵等待之意，若拿來比喻一段
時間，則稱「半天」。若比喻景況，則是說處於心情正低潮或運氣最低時，讓
它過了再說。

　　此籤若求問商機，便是說過了這景氣低迷時期再看看。

　　雲開日出：真相顯露或障礙消除，光輝顯現，與「雲開月出」具有異曲
同工之妙。

第 15 籤：

　　八十原來是太公

　　看看晚景遇文王

目下緊事休相問

勸君且守待運通

解籤本：姜太公到八十歲，仍然懷才不遇，只好隱居在渭水河畔釣魚等待時
　　　　機，文王聽到他的賢名，來拜訪他，才時來運轉，受到文王的重用
　　　　爲丞相。你目前的情況，跟太公的遭遇一樣，請不必多問，還是學
　　　　姜太公的作法，等待運氣亨通時機來轉吧！

譬喻和討論

　　太公：原爲已可享福之人，所以用來指晚年有成的意思。遇文王：碰到
貴人。

　　緊事〈台語〉：要緊、很急的事。守待：維持原狀的等候待命，亦隱含忍
耐之意。

第 17 籤：

舊恨重重未改爲

家中禍患不臨身

須當謹防宜作福

龍蛇交會得和合

解籤本：回憶往事，舊恨重重未消除，正如家中發生災禍，雖然沒有臨到自
　　　　身，但此恨綿綿無盡期。你必須要謹慎提防再有事故發生，最好多
　　　　做好事，只要有善因，必能逢凶化吉，而且在辰巳交會的時刻，必
　　　　得到很圓滿的結果。

譬喻和討論

　　舊恨重重是說昔日沉重憾事。龍蛇：可比時辰；也暗喻君子小人或下屬
與長上。

　　「舊恨重重未改爲」若問合夥做生意可解成：老問題仍然存在，沒有改
變。

第 18 籤：

君問中間此言因

看看祿馬拱前程

若得貴人多得利

和合自有兩分明

解籤本：抽得此籤。表示你這個人心地好，上天因你平日一心向上，必定讓
　　　　你得到善因，善心自有善報，做事求財，自然會有「貴人」幫助你，
　　　　使你成功。問功名，這是大吉之兆，可以積極去發揮，表現你的才
　　　　能，你的未來前程光明遠大，自不在話下。

譬喻和討論

　　「言因」是原因的意思。祿馬：可比爲職位、工作。若問工作：「祿馬拱
前途」是說你現在的工作可以保障你的未來。

第 19 籤：

　　　　富貴由命天註定

　　　　心高必然誤君期

　　　　不然且回依舊路

　　　　雲開月出自分明

解籤本：俗云：「生死有命，富貴在天。」一個人的窮通禍福、富貴貧賤，都
　　　　是上天安排、命中註定的，所謂「命裏有時終須有，命理無時莫強
　　　　求。」如果你期望太高，必定會大失所望，而且耽誤了佳期。

譬喻和討論

　　雲開月出：也是說障礙消除光輝顯現。

　　此籤亦是勸人宜保守，若問事業或問功名：「心高必然誤君期」是說野心
太大反而失望。

第 25 籤：

　　　　總是前途莫心勞

　　　　求神問聖枉是多

　　　　但看雞犬日過後

　　　　不須作福事如何

解籤本：前途總有命運安排，只要盡其在我努力奮鬥，不必勞心去求神問卜，
　　　　那只是枉費精神。你要解決的事，只要等待「酉」「戌」日過了以後，
　　　　就會有好消息的。

譬喻和討論

　　雞犬日有四種代表：酉戌日、午後五到七點、傍晚，農曆八、九月，或
相隔兩日。

此籤求問意見不合之事，乃是說暫不處理，過兩天再看看。

第 26 籤：

　　選出牡丹第一枝

　　勸君折取莫遲疑

　　世間若問相知處

　　萬事逢春正及時

解籤本：詩云：「有花堪折直須折，莫待無花空折枝。」已經評選出的第一枝
　　　　牡丹花，美麗動人，勸你不要遲疑，快把握機會折取下來。人世間
　　　　知音不知在何處，天地逢春正是時候！一切行事正是時機，勿等待
　　　　春去花凋落！

譬喻和討論

　　莫遲疑：含有勉勵的意思。「莫遲疑」和「正及時」不但具有鼓勵作用，
更是勉人把握時機。

　　求籤者因問政而求時；世間若問相知處的「若」和「相知處」；可當：選
擇幕僚或招募升等，「牡丹」則表示：心中有選定任用的人；都算是最佳人才。

第 29 籤：

　　枯木可惜未逢春

　　如今還在暗中藏

　　寬心且守風霜退

　　還君依舊作乾坤

解籤本：詩人雪萊名句：「冬天來了，春天還會遠嗎？」目前雖然是寒冷的冬
　　　　天，但轉眼春天一到，枯木逢春，自然生氣盎然。但現在。只有等
　　　　待機會。不必心急，等到風霜退了，你就擁有春光明媚的時光。

譬喻和討論

　　乾坤：易經兩卦名乾卦和坤卦。泛指天地（自由自在）、日月、陰陽、父
母、男女。

　　枯木可惜未逢春：暗喻時機未到。風霜退：指碰到的霉運會自然過去。

第 30 籤：

　　漸漸看此月中和

　　過後須防未得高

改變顏色前途去

凡事必定見重勞

解籤本：事情會慢慢演變，但這個月中還不致有太大的變化，然而過了這個
　　　　月，就要防患未然，不可好高騖遠，以免失望。你要改變作法，再
　　　　向前途邁進，否則，徒勞無功。

譬喻和討論

　　未得高，是一句臺灣用語，高是過的意思，整句是說還過不去，事情尚
未結束。改變顏色：顏色指內心反應在臉上，是說臉色，意指心態。

　　此籤是說凡事要謹慎再謹慎，心態、想法、做法都要調整（改變），且凡
事都格外辛苦的付出。

第31籤：

綠柳蒼蒼正當時

任君此去作乾坤

花菓結寔無殘謝

福祿自有慶家門

解籤本：正是楊柳蒼翠成陰的時候，你應該把握時機
　　　　，好好去闖天下，開拓事業！努力耕種，自
　　　　然會開花結果，天下事沒有不勞而獲的。一
　　　　分耕耘，一分收穫。積善之家，必有餘慶，
　　　　福祿自然滿家門！

譬喻和討論

　　「乾坤」此處指天地之大任君遨遊。「綠柳蒼蒼」於時間指春末夏初的季
節，象徵發展得很好。

第33籤：

欲去長江水濶茫

行船把定未遭風

戶內用心再作福

看看魚水得相逢

解籤本：要去他鄉，須經過茫茫無際的長江水，揚起帆來，却無風助行。還
　　　　是安守家裏用心經營，也許後福不錯，會遇到如魚得水的好機會哩！

譬喻和討論

　　此籤用長江水闊忙暗喻人事紛雜或方向未定。行船把定暗喻要有主見。魚水相逢指遇貴人。

　　此籤要釐清「未遭風」的意思，因而有兩種解法：

　　照文字解：沒有遭遇風浪〈喻困難和磨練〉。這是說雖然選定方向；確是經驗不足磨練不夠；再用心經營，等待遇到貴人；即大事可成。

　　另一說：「未招風」就有點像萬事俱全只欠東風的意思，雖然打定了主意，時機尚未成熟。

第 34 籤：

　　　危險高山行過盡

　　　莫嫌此路有重重

　　　若見蘭桂漸漸發

　　　去蛇反轉變成龍

解籤本：經過危險的高山，此去已是平坦的康莊大道，勿嫌這條道路
　　　　太遠，慢慢的總會到達目的地。看看那蘭桂，也是慢慢成長
　　　　開花，只要有恆心，蛇也有修成龍的一天！

譬喻和討論

　　以危險高山比喻困難不順，而蘭桂喻良好的子孫、又喻賢人、君子的美質。蘭桂若是春蘭秋桂，應該說是指一段時間，那麼「若見蘭桂漸漸發」是說經過一段時間的耕耘與努力，可以向上升等。

　　因為臺灣早年蘭花生長季大部份在十二月到四月，因此蘭花應代表春季，且民間月令，七月是瓜月或巧月，八月是桂月，雖有「梁元帝‧纂要」說蘭秋是陰曆七月的別稱，但此籤的蘭桂，是不是包含此意，待證。因為「蘭桂」已如上有它特別的意思，通常是說好兒孫。

　　此籤是說只要盡力盡心，都會有收穫，大凡含淚播種的必歡呼收割。

第 35 籤：

　　　此事何須用心機

　　　前途變怪自然知

看看此去得和合

漸漸脫出見太平

解籤本：此事千萬勿用心機，未來前途變化，自然知道。看看以後情形漸漸
　　　　會和合的。現在開始，漸漸會脫出厄運，重見太平日子。

譬喻和討論

　　　此籤直敘沒有使用譬喻。

第 36 籤：

福如東海壽如山

君爾何須嘆苦難

命內自然逢大吉

祈保分明得平安

解籤本：你的命裡注定福祿像東海那麼大，壽命像南
　　　　山那麼高，像這樣福壽雙全的命，還有什麼
　　　　苦難可言！既然命裡已有，自然大吉大利，
　　　　只要祈保，就會獲得平安。

譬喻和討論

　　　福如東海壽如山：此句為民間通俗祝賀語，亦常被寫入春聯貼於門。
　　　用東海和山比喻福壽無量。

第 38 籤：

名顯有意在中間

不須祈禱心自安

看看早晚日過後

即時得意在中間

解籤本：堅守自己立場，不偏不倚，名位自然顯達。不須要向神祈求，心裏
　　　　自然安詳。看看那早晚太陽的升沉，就會領悟到，惟有堅守自己立
　　　　場，才不會被擊倒。

譬喻和討論

　　　此籤直敘沒有使用譬喻。

第 39 籤：

意中若問神仙路

勸爾且退望高樓

寬心且守寬心坐

必然遇得貴人扶

解籤本：你意中如果想尋求成仙之路，我勸你還是不要妄想，且退一步看
　　　　看那高樓吧！還是寬心安分守己，等待機會，必定有貴人來幫助
　　　　你的。

譬喻和討論

　　此籤神仙路比喻爭取重要高超之權位和想要晉升的方法，且退是說人要
懂得謙虛，虛心受教。望高樓有立下目標、做好規劃的意思，以生意來說是
先訂好銷售計畫。

第 41 籤：

今行到手定難推

歌歌暢飲自徘徊

雞犬相聞消息近

婚姻夙世結成雙

解籤本：多年來辛苦經營，剛有了結果，但又有人來求讓，實在不好推辭，
　　　　心裏矛盾，借酒消愁，還是難取捨。其實，就有好消息了，所謂「有
　　　　緣千里來相會」，何必猶豫不決呢？

譬喻和討論

　　今行到手是暗示這件事應該承擔，歌歌暢飲指成竹在胸，很有把握，雞
犬有相鄰兩天的意思，又比喻為馬上或隨之而來。

　　此籤是責任之籤，對自己經做的事情負責到底，最後會有好的結果。

第 43 籤：

一年作事急如飛

君爾寬心莫遲疑

貴人還在千里外

音信月中漸漸知

解籤本：過去一年來說，你做事太心急，現在應該放寬心，不要再遲疑了！
　　　　你會有貴人來幫助的，不過，目前還在千里外。你所希望的消息，
　　　　大概會知道的。以後做事不可太急躁，應當機立斷。

譬喻和討論

　　此籤直敘沒有使用譬喻。

第44籤：

　　客到前途多得利

　　君爾何故兩相疑

　　雖是中間逢進退

　　月出光輝得運時

解籤本：客人來了，將來的發展，利益多多，你們為
　　　　什麼要互相猜疑呢，雖然是進退維谷的時
　　　　候，也不必灰心，雲開月出光耀普照的時機
　　　　馬上來到了。

譬喻和討論

　　月出：貴人出現，或能看到事物的真相，也可表
示時機到了。

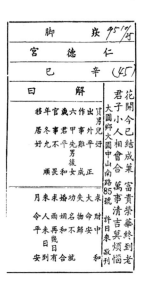

第45籤：

　　花開今已結成果

　　富貴榮華終到老

　　君子小人相會合

　　萬事清吉莫煩惱

解籤本：你的運氣正像盛開的花朵，現在已結成果實，
　　　　是收穫的季節了，相信你到老都可以享受到榮
　　　　華富貴。只要你待人真誠，君子小人你都可以
　　　　跟他交往，萬事清吉順利，不必煩惱。

譬喻和討論

　　此籤以花開比喻辛苦耕耘，結成果比喻事情的結局，用君子小人相會合
來形容好壞參半。

第46籤：

　　功名得意與君顯

　　前途富貴喜安然

　　若遇一輪明月照

　　十五團圓照滿天

解籤本：好好用功充實自己，自然會使你名顯天下，前途富貴可期。就像那

十五團圓的一輪明月，普照天下，大放光明。

譬喻和討論

一輪明月：指好日子，也可代表遇到貴人。十五團圓：親人團聚像滿月一樣圓。

第 47 籤：

君爾何須問聖跡

自己心中皆有益

于今且看月中旬

凶事脫出化成吉

解籤本：你何必去求神問卜呢？只要你心地光明，自然有益身心。你所擔心的事，要等到月中才有轉機，才有逢凶化吉的希望。

譬喻和討論

此籤直敘沒有使用譬喻。

第 49 籤：

言語雖多不可從

風雲靜處未行龍

暗中終得明消息

君爾何須問重重

解籤本：雖然意見很多，不可以隨便聽從。因為風雲不動，龍是無法升天的。風雲際會，就可一飛沖天。你在暗中既已發現明處的消息，就自己決定何去何從，何必一再的問神呢！

譬喻和討論

言語雖多不可從是說要有主見，勿聽信人言。風雲靜處未行龍指的是時機未成熟。暗中終得明消息是說若要得到正確的資訊可以找第三者打聽。

第 50 籤：

佛前發誓無異心

且看前途得好音

此物原來本是鐵

也能變化得成金

解籤本：既然在佛祖面前山盟海誓，表示決不變心，那麼，此去一定會有好

消息傳來的。俗云：「運來鐵變金，運去金變鐵。」運氣來了，鐵也
能變成金呢！

譬喻和討論

　　鐵與金是一種對比，指無價與有價，晉升與下降，劣勢與高勢。整句意
思是說人都有出頭的一天。

第51籤：

　　　　東西南北不堪行

　　　　前途此事正可當

　　　　勸君把定莫煩惱

　　　　家門自有保安康

解籤本：東西南北方向沒有一處是你今年外出圖利的地方，還是安份守在家
　　　　裡比較妥當，我勸你一動不如一靜，定下心來，不要煩惱，安守家
　　　　門自可保平安。

譬喻和討論

　　此籤直敘沒有使用譬喻。

第52籤：

　　　　功名事業本由天

　　　　不須掛念意懸懸

　　　　若問中間遲與速

　　　　風雲際會在眼前

解籤本：俗云：「謀事在人，成事在天。」功名事業的成
　　　　敗，本來運氣佔了大半，所以只要盡其在我，做
　　　　了最大的努力，就不必在擔心了，應該聽天由
　　　　命。若問中間的遲速，相信風雲際會的時機，就
　　　　在眼前不遠了！

譬喻和討論

　　風雲際會：比喻時機成熟。此籤是說目前處境已漸好轉，急不得的。

第53籤：

　　　　看君來問心中事

　　　　積善之家慶有餘

運亨財子雙雙至

指日喜氣溢門閭

解籤本：看你來問心中所想的事，不知吉凶如何？我告訴你，積善之家必有
　　　　餘慶，因為你心地好，所以會有好報。運氣來時，求財得財，求子
　　　　得子，財子雙雙來到。相信指日間，喜氣將洋溢你家門。

譬喻和討論

　　積善之家慶有餘：民間通俗的吉祥話，也被寫入春聯貼於門。

　　此籤直敘沒有使用譬喻。

第 54 籤：

孤燈寂寂夜沉沉

萬事清吉萬事成

若逢陰中有善果

燒得好香達神明

解籤本：夜晚寂寞的對著一盞孤燈，心裏祈望著萬事清吉萬事成
　　　　功。如果你能積陰德，平日又常燒好香敬拜神明，那麼，
　　　　你就能獲得神明的助力，達成你的願望。

譬喻和討論

　　孤燈寂寂夜沉沉是說用陰暗冷清的夜，照字解，又是孤燈，又是沉沉的
夜，本是不好，接的下句是好的，文句本是不合，但平時有行善積德，虔誠
敬神，一切皆可逢凶化吉。

北埔
慈天宮
壬戌

孤燈寂寂夜沉沉
萬事清喜萬事成
若逢陰中有善果
燒得好香達神明

第 56 籤：

病中若得苦心勞

到底完全總未遭

去後不須回頭問

心中事務盡消磨

解籤本：人在病中，若還要苦心操勞，那多痛苦。其實，要找完全合乎理想
　　　　的事，本來就未曾有人遭遇過。事情過了就算，不必回頭再去追問，
　　　　心中有何念頭儘量打消吧！

譬喻和討論

此籤直敘沒有使用譬喻。

第 57 籤：

> 勸君把定心莫虛
> 前途清吉喜安然
> 到底中間無大事
> 又遇神仙守安居

解籤本：勸你把心定下來，莫再慌張。時運得
　　　　安，前途雖清吉，可說這其中並無什
　　　　麼事發生，又有神明保護著，大可安
　　　　居樂業。

譬喻和討論

此籤直敘沒有使用譬喻。

第 58 籤：

> 蛇身意欲變成龍
> 只恐命內運未通
> 久病且作寬心坐
> 言語雖多不可從

解籤本：蛇身要想變成龍身，只恐怕命裏運氣未通，那是不可能達到目的。
　　　　久病身體虛弱，還是寬心的等待，雖然別人意見很多，還是不要隨
　　　　便聽從。

譬喻和討論

「蛇身意欲變成龍」意思同第 34 籤第四句。

第 59 籤：

> 有心作福莫遲疑
> 求名清吉正當時
> 此事必定成會合
> 財寶自然喜相隨

解籤本：你既然有心做善事，就不要再遲疑不決，趕緊去做，現在正是求取名
　　　　利的時候。相信每件事多能做得很恰當，錢財名利自然會隨你而來。

譬喻和討論

　　財寶：珍貴的物品，可比喻爲擁有好的名聲。

　　此籤是說人有善念，天必從之。

第60籤：

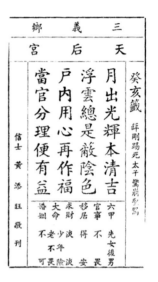

　　　月出光輝本清吉

　　　浮雲總是蔽陰色

　　　戶內用心再作福

　　　當官分理便有益

解籤本：月亮一出來，光輝皎潔，只要浮雲遮蔽，總
　　　　使明月失色。你該在家裏用心作善事。當官
　　　　要事理分明，自然會有益處。

譬喻和討論

　　月出光輝：同第22籤第二句、第24籤第一句、
第44籤第四句。

　　浮雲：同第24籤第三句。

　　戶內用心在作福：同第33籤第三句。

　　此籤是說凡事盡心盡力，人要相信天有天理，所謂舉頭三尺有神明，是
非公道自在人心。

第四節　小吉籤的譬喻

　　小吉籤十一首如下：

第06籤：

　　　風雲致雨落洋洋

　　　天災時氣必有傷

　　　命內此事難和合

　　　更逢一足出外鄉

解籤本：風雲招來暴雨，一片汪洋，天災造成了傷害。一個人命裡無時莫強求，
　　　　既然沒有和合的希望，就不必再出外奔跑了。這首籤詩，告訴當事人：
　　　　「命裏有時終須有，命裡無時莫強求。」強求也是沒有用的，就像那
　　　　不測風雲造成的天災，乃是一種不可抗力的災害，是莫可奈何的呀！

譬喻和討論

　　此籤「風雲致雨」可說是遭人興風作浪，「天災」則禍從天上降，而「一足出外鄉」也有解作向母親或太太娘家求援的，外鄉可當：撇開、疏遠、外來、母族。

第10籤：

> 花開結子一半枯
> 可惜今年汝虛度
> 漸漸日落西山去
> 勸君不用向前途

解籤本：開花結果，卻是一半落空，收穫不多，可惜你今年的光陰算是虛度了。太陽漸漸向西山落去，俗云：「夕陽雖好近黃昏」勸你看開一點吧，還是不用再奔波了！這首籤暗示當事人徒勞無功，雖然過去有一段輝煌的日子，但結果成就不多，有一半以上是虛擲光陰了。所以籤詩勸他，還是腳踏實地，做些實在的事，何必去空忙一場呢？

譬喻和討論

　　「日落西山」失輝、失勢，沒有希望。不用向前途：不要邁向前路，即停止不要繼續做。

　　此籤若能改換一個說法：你努力的結果，雖然只有一半的收成，而且看起來不太有希望，但宜保守不宜前進，不要擔心未來。

　　這樣更能夠讓一個無望的人起死回生。

第13籤：

> 命中正逢羅𡧛關
> 用盡心機總未休
> 作福問神難得過
> 恰是行船上高灘

解籤本：命中正遇到「羅𡧛」凶星關頭，雖然用盡心機也避免不了，就是問神祈福，還是躲不過去，正像行船遇到沙灘，進退不得。

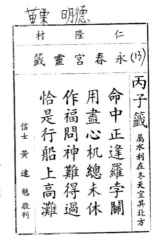

譬喻和討論

　　「羅𡧛」有羅星和𡧛星，取其凶性比喻人生的不順，𡧛星是民間通稱的

掃帚星，形狀奇特，據民間所言；因為時代巨變、改朝易代時多有出現，在卜相術士中的說法是命運逢乖舛不順的代表。加上羅星也是凶性強烈，「羅孛」更加突顯了禍不單行且衰到極點的運途。

此籤用盡心機是說想盡辦法。作福問神可比喻請教高明。

行船上高灘：難上加難，毫無希望。

第 16 籤：

> 不須作福不須求
> 用盡心機總未休
> 陽世不知陰世事
> 官法如爐不自由

解籤本：福份，不須去尋求，也毋須去製造。儘管用盡
心機去追求，結果還是失望。因為陽世的人不
知陰間善惡果報的事，福份乃是前世為善的陰
果。一個人在陽世所作所為，到了陰間都要接
受審判。作惡多端的人，須要下在獄受苦刑，
由不得你自由。

右側籤詩圖：

新　東寧宮竹
第十六籤　李世民初遊地府
丙午籤　屬水利在冬天宜其北方

不須作福不須求
用盡心機總未休
陽世不知陰世事
官法如爐不自由

譬喻和討論

陽世：山南水北曰陽、太陽光底下、表面、正面。

陰世：山北水南曰陰，用此譬喻人所不知的一面。

「陽世不知陰世事」也可說表面所看到的和事實真相是有差別的。

官法如爐：臺灣早年民間社會的一句通俗俚語。是說嚴酷冷峻，又喻沒有彈性，無法妥協。

第 20 籤：

> 前途功名未得意
> 只恐命內有交加
> 兩家必定防損失
> 勸君且退莫咨嗟

解籤本：前途功名，未能得到發展，恐怕是因為命裏還有坎坷的運氣。家庭不可
分兩家，如分兩家，一定會有損失，所以還是要守本分，不可唉聲嘆
氣！這首籤警告當事人，要注意家庭問題，不要只顧事業；而更不宜

金屋藏嬌，以免鬧家庭革命！這是走桃花運的前兆，故須慎防美人計。

譬喻和討論

前途功名：比喻未來的方向。「兩家」未必是指「妻妾」，解籤不宜將意思狹窄化，此籤求問諸事，不幸的原因歸之於命也時也，而要使雙方減少損失和錯誤，退一步（退讓、保守）可以海闊天空。

第23籤：

欲去長江水闊茫

前途未遂運未通

如今絲綸常在手

只恐魚水不相逢

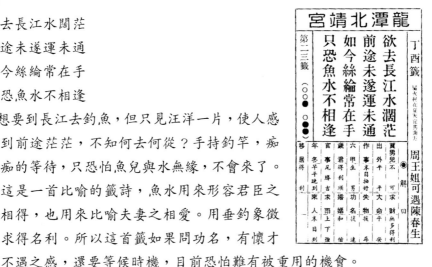

解籤本：想要到長江去釣魚，但只見汪洋一片，使人感到前途茫茫，不知何去何從？手持釣竿，痴痴的等待，只恐怕魚兒與水無緣，不會來了。這是一首比喻的籤詩，魚水用來形容君臣之相得，也用來比喻夫妻之相愛。用垂釣象徵求得名利。所以這首籤如果問功名，有懷才不遇之感，還要等候時機，目前恐怕難有被重用的機會。

譬喻和討論

長江水闊茫：暗喻非常棘手和煩雜的事情，或尚無頭緒，未看好方向和目標。

前途未遂運未通：暗喻方向還未找到、方法尚未求得。

絲綸常在手：暗喻手中有幾個常用的方案。

魚水不相逢：可比喻尚不能對症下藥。或尚未碰對時機。

第28籤：

於今莫作此當時

虎落平洋被犬欺

世間凡事何難定

千山萬水也遲疑

解籤本：好漢不提當年勇，此一時，彼一時，不要將現

在與當年比。就像老虎，一落到平地裡，英雄無用武之地，連小犬都敢欺侮他。世間上的事，有什麼難於決定的呢？就是千山萬水的困難，也不必遲疑，勇往直前吧。

譬喻和討論

　　於今莫作此當時：不比當年的意思。

　　虎落平洋被犬欺：臺灣早期社會流行於民間的一句俚俗用語，全句是「龍游淺灘遭蝦戲，虎落平陽被犬欺」意謂大才無法大用。

　　千山萬水：形容道路極遠及多極難。

第 32 籤：

　　　龍虎相交在門前

　　　此事必定兩相連

　　　黃金忽然變成鐵

　　　何用作福問神仙

解籤本：龍虎爭鬪，終會兩敗俱傷。事情的發生，常常是互相關連的。俗云：「運　　　氣來時，鐵也會變黃金；運氣去時，黃金也會變鐵。」凡事應以和為貴，　　　命中無時莫強求。如果勾心鬪角互不相讓人，求神仙作福也沒有用的。

譬喻和討論

　　龍虎比喻旗鼓相當、勢均力敵。

　　黃金忽然變成鐵：瞬間轉變，有益變成有害，好的變成壞的。若以股票買賣做比喻可說是一夕崩盤。

　　此籤是說人難免有不可抗拒的意外和不如意，凡事逆來順受即可。等待忍耐讓不順過去。

第 42 籤：

　　　一重江水一重山

　　　誰知此去路又難

　　　任他改救終不過

　　　是非終久未得安

解籤本：這件事恐怕很難達成，有重重的阻礙，不是輕易可以衝破的。就像　　　過了一重江水，又有一重山，道路崎嶇不平，困難不易走。任你有　　　何辦法，也不能挽救，是非終究要發生。抽得此籤，表示氣運閉塞

不通，艱難困苦重重，進退維谷。此時應堅定立場，確守正道，容忍自重，以等待時運的解通。

譬喻和討論

　　一重江水一重山：暗喻萬般艱辛、阻礙重重。路又難：不容易找到方法。終不過：仍然沒有結局（果）。

第48籤：

　　　　陰世作事未和同

　　　　雲遮月色正朦朧

　　　　心中意欲前途去

　　　　只恐命內運未通

解籤本：因為你做事太有個性，不能與人和合同流，所以迄今未能飛黃騰達，就像明月被烏雲遮住而無光芒。你心裏雖想向前邁進，只恐怕你的運氣還不是很亨通的時候！有才幹的人，通常多自負，眼高而手低，因此多有懷才不遇的遭遇，這首籤詩正告訴當事人，不要過於自負。潔身自愛，固然應該，但如矯枉過正，自鳴清高，往往變成好高騖遠，理想過高，以致於遲遲未能成功或終至失敗，除非你改變以往的作風，否則恐怕此去運氣還是照樣不通順。

譬喻和討論

　　雲：此處指障礙之物或小人。月：這裡當事之真相解。遮：阻塞。「和同」是一句台語說法，國語是認同的意思。陰世：暗地裡做的（背後的努力）。此籤亦可再作新解：你的努力還沒有被認同，也許有小人影響上司對你的看法，所以心中想要完成的（理想）目標，恐怕時機尚未成熟。

第55籤：

　　　　須知進退總虛言

　　　　看看發暗未必全

　　　　珠玉深藏還未變

　　　　心中但得枉徒然

解籤本：俗云：「識時務為俊傑，知進退為英雄。」虛言不實，成事不足，敗事有餘，如果本身暗然無光無真才實學，凡事未必能成全！就像那深藏的珠玉還未有變化時，就患得患失，那是徒然枉費心機！此籤

告訴當事人，做任何事情，都不可能有十全十美的事。一個人做事，不必患得患失，而且必須識時務知進退才行。你只要有真才實學，就像那深藏的珠玉，不會永遠被埋沒的。

譬喻和討論

珠玉是比喻珍貴的東西，珠也可比喻美好的女子。深藏是不輕意示人、比喻人有才德學問不向人炫耀，如深藏不露。這首詩語句解釋起來不大通順，須要經過調整順序，如：看看未必全發暗，須知進退總虛言，珠玉深藏還未變，心中但得枉徒然。

則可另立新意：還好不致於完全無望，你當曉得何時該進何時該退，更要懂得深藏不露靜待機會，才不致於白費力氣。

第五節　本章小結

一、與解籤方向有關者，將譬喻的討論得出三項論點：

（一）綜觀《聖母籤》指點信徒的方式多處取材大自然、植物或簡單五行術語，完全只是點到為止，語多含蓄；而且每一句話本乎自然，也相當平易近人，但又富含哲理，玄妙處在於使信徒從中啓發「悟性」觀念，知其字義的靈活變化，因所問事由不同，隱喻象徵有別，而達到彈性的充份運用，擴大其想像力來突破自己的心結。

將解籤的靈活變化與彈性原則，以自然景物作比喻，舉數例如下：

1. 靈活變化說的是相同的喻體在（不同籤）上代表不同的象徵，例如：

一樣的取材大自然之物，比喻的則是完全不同的涵義，日、月出現在上吉籤；多喻為貴人，如：《紅日當空常照耀》，但出現在中吉籤則另有指涉，如：《恰似中秋月一輪》，指團圓，好的結局，而出現在小吉籤；如《漸漸日落西山去》，可暗示沒有希望或呈失敗之勢。

至於遮月的雲，解作相當棘手的阻礙，「羅字關」是說不好解決的困難或很壞的運氣，或很倒楣的事情。

《龍》、《虎》、《蛇》依不同籤詩，而有不同指涉，可譬喻人的處境、現況、地位，象徵向上升騰之意，也可比喻兩人之間的關係如上司和屬下。或是用作時間的轉換，如春夏交替時間。

2. 彈性原則是說在（同一支籤上）的喻體產生不同的比喻與象徵，例如：

（1）日出便見風雲散

——	日（比喻）	風雲（象徵）
問病	醫生	病症
問功名	師長、上司	考關或晉升之阻礙
問官事	律師、檢察官、法官	興訟之事

（2）禾稻看看結成完

——	禾稻（比喻）	結成完（象徵）
問六甲	懷孕	成孕
問功名	時間或努力過成	考中、錄取
問事業	時間	成果、收穫

（3）長江風浪漸漸靜

——	長江風浪（比喻）	漸漸靜（象徵）
問歲君	遭逢的厄運	逢凶化吉
問官事	興訟之事	得平

（4）去蛇反轉變成龍

問工作	有升等加薪的機會
問置產	有小房子變成大房子的可能
問擴廠	小工廠可轉換大工廠或股本增資

　　如上可知解籤的要領在於為信眾解答時，清楚譬喻的運用是否合宜？而借日、月、風、雲、花木的比興譬喻，探得人生之事本乎逆來順受的生活哲理，一切的不快只在於抬頭看天，低頭看地時，隨即煙消而逝。

　　因時制宜，問題不同，信眾接受指點的方式因個性不同的差異，就好像因材施教，導致點化勸解的方式有別，而產生如上多種方法，整套籤詩第一首以「日出」起句，到第六十首以「月出」做結，象徵信民一天的生活由日出而作；日落而息，可能經歷的生活事件、煩惱和不順，都能夠得到神明的幫助和解決。

　　（二）《聖母籤》之所以採用自然現象和五行術語及勸誡語句，另一個原因是它融合「占」的形式及「卜」的方式，占卜在《說文解字》是說「視兆

也」。李亦園先生將占卜更明白解釋為觀自然現象也就是說觀察徵候。〔註6〕
而抽神籤就有兼具卜卦的意涵。

（三）筆者將《聖母籤》重新詮釋，可讓信徒增加未來的信心，如：第3、
7、9籤和、10、33、48、55等籤，所討論出與通俗籤解不同的新解籤方式。

二、與文體有關者，《聖母籤》的主體「七言四句詩」，某些詩句形成早期臺
　　灣社會民間流行用語，如：

第07首第一句：「雲開月出見分明」；第19首第四句：「雲開月出自分明」。
「雲開見月」是雜念歌謠中的慣用語：「較好雲開見著月」。〔註7〕

第11首第三句：「郎君即便見太平」；第12首第四句：「凶事脫出見太平」；
第 14 首第四句：「郎君即便見太平」。此中「見太平」原句為：「山崩；見太
平」是說山崩雖是不吉之兆，但喜見雨降，讓大地更堅定之意。〔註8〕

第16籤第四句：「官法如爐不自由」，亦見民間俚語常用：「人心似鐵　官
法如爐」是說人心冷酷，官法峻嚴。〔註9〕

第28首第二句：虎落平陽被犬欺。〔註10〕

第 28 首第四句：「千山萬水也遲疑」，引用俚語：「千山萬水」形容路甚
遠難行。〔註11〕

第 29 首第一句：「枯木可惜未逢春」，此原是臺灣人常用的俚語：「枯木
逢春猶再發，人無兩度少年時」。〔註12〕

第 32 首第三句：「黃金忽然變成鐵」，臺灣早期社會的流行用語：「運去
金成鐵，時來鐵成金」。〔註13〕

第 32 首第三句：「龍虎相交在門前」原句「龍虎交戰，龜鱉受災」。〔註14〕

〔註6〕見李亦園：《文化人類學選讀〈說占卜・一個人類學的考察〉》，台北：食貨出
　　　　版社，1980.10修訂三版，頁247。
〔註7〕見（日）稻田尹著・林夫穿主編：《民俗臺灣》第一輯，台北：武陵出版社，
　　　　1990.1月初版，頁83。
〔註8〕見臺灣總督府編：《臺灣俚諺集覽》，台北：1914.5月初版，1991.10月，台北：
　　　　南天書局，複刻版，頁43。
〔註9〕同註8，頁230。
〔註10〕同註8，頁501。
〔註11〕同註8，頁45。
〔註12〕見陳紹馨著：《民俗臺灣》第五輯，台北：武陵出版社，1990.1月初版，頁46。
〔註13〕同註8，頁84。
〔註14〕見臺灣總督府編：《臺灣俚諺集覽》，台北：1914.5月初版，1991.10月，台北：
　　　　南天書局複刻版，頁503。

第 44 首第四句：「月出光輝得運時」，「得運時」亦是臺灣信民常用語：「黃河尚有澄清日，豈可人無得運時」。〔註 15〕

第 53 首第二句：「積善之家慶有餘」原句「積善之家必有餘慶，積不善之家必有餘殃」。〔註 16〕

〔註 15〕同註 14，頁 47。
〔註 16〕同註 14，頁 95。

第六章　解籤的中庸原則和社會功能

　　《六十甲子聖母籤》的主要結構，已論述故事和譬喻，本章詳論「解曰」，亦即是《六十甲子聖母籤》如何回答信眾的求問事項？

　　籤解除了讓信眾得到安慰，尚有一好處，其解惑的方式完全符合人性，不但語多含蓄，既不說得太滿，讓人得意忘形，又不說得太差，使人失去信心。

　　而且在於多元解決生活遭遇之問題，小至個人的生活事件，進一步處理對家庭產生的阻撓，不只延伸指點事業前途的迷惘，且擴大到外界人際互動的需求，可說是由個人身心的平安到社會的和諧，達成處理人的一生，追求生活目標之完滿。

　　筆者參訪民間耆老及廟方的說法，目前大多數寺廟，信民求問最多的事項大致是：

作事	六甲	歲君	詞訟	年多	移居
求財	大命	功名	婚姻	求雨	

　　而對於信徒疑惑點化之奧妙在於「解籤詩」的中庸原則。

　　本章首先論述解籤的中庸原則，繼而以社會功能探討信民求問諸事，乃將上表事項分成三大類：一、化解家庭疑難，二、化解事業疑難，三、化解人際疑難，以便了解《六十甲子聖母籤》如何安慰造成信眾困惑的人生問題，再來進一步了解求籤的行為和心理。

第一節　解籤的中庸原則

本節從兩部份來說明《六十甲子聖母籤》解籤的中庸原則：

一、籤詩主體。

二、籤詩配合解說。〔註1〕

由於信民大多具有含蓄、保守的民族特性，且多數人有不希望將福份求得太滿的觀念，或不願意所遭遇境況變得太差的心態，在凡事無法奢求太圓，卻又渴望失意時有起死回生的機會，以及在失敗中，尚能具備再度燃升信心的能力，解籤必得運用合乎人性的安慰技巧。

一、籤詩主體

《聖母籤》表現最多含蓄之處，在於大量運用「興體詩」的體例，因此在勸慰時不會太直接的說穿，使人顏面盡失，也不會一語道破，斷絕人的生路，這種緩和的說話藝術正如屈萬里對興體詩的詮釋（見第五章），所以面對求問者，先予之談談別的，然後再進入正題，適時的貼近人心，在籤詩的表現如：

第02籤　於今此景正當時

看看欲吐百花魁

若能遇得春色到

一洒清吉脫塵埃

安慰求問者凡事須等待看看（若能遇得春色到），但是先說此時來得正巧（於今此景正當時），再四處環顧自然景象（看看欲吐百花魁）來燃起求助者對生命產生希望，如此再大的不如意，也或多或少得到了情緒緩和。

第04籤　風恬浪靜可行船

恰似中秋月一輪

凡事不須多憂慮

福祿自有慶家門

若聽完求問者問題，馬上回答（凡事不須多憂慮），效果遠不如談談以大環境來比喻現況（風恬浪靜可行船，恰似中秋月一輪）再接著安慰其心，卻又避免過於武斷回答，只有含蓄的點到（福祿自有慶家門）自然更讓人信服所勸。

〔註1〕本章《聖母籤》所述解說事項，均以竹南「慈裕宮」的聖籤為底本。

第 19 籤　　富貴由命天註定

　　　　　　心高必然誤君期

　　　　　　不然且回依舊路

　　　　　　雲開月出自分明

　　當勸導求問者凡事不要衝過頭了（心高必然誤君期），為避免可能導致失敗，以（不然且回依舊路）來阻止其盲目前進的行為之前，先說（富貴由命天註定），將之人生如意否？讓老天爺去承擔，這樣反而較具說服力。

二、籤詩配合解說

　　《聖母籤》用解說事項給信民在所求的聖籤，吉與不吉之間，尋得心理平衡（亦即中庸原則），換言之是不偏不倚，不過之與不及，凡事「適可」即是好。

　　列舉三種不同形式分析總體運勢如下：

（一）籤詩語句顯示吉祥的形式

　　第 01 籤詩文：日出便見風雲散，光明清淨照世間。

　　　　　　　　　一向前途通大道，萬事清吉保平安。

　　此籤雖然是吉籤，但也不能太自滿，細看解說，尚有幾點該注意，問作事：難成，問六甲：生男難養。若問求雨：尚求。

　　第 14 籤詩文：財中漸漸見分明，花開花謝結子成。

　　　　　　　　　寬心且看月中桂，郎君即便見太平。

　　籤詩顯示，所處狀況是漸入佳境，然未必百事皆吉，解說事項提醒，問出外：不可，問作事：難成，問官事：拖尾破財。

　　第 31 籤詩文：綠柳蒼蒼正當時，任君此去作乾坤。

　　　　　　　　　花果結實無殘謝，福祿自有慶家門。

　　此籤雖有福祿可慶，可喜可賀，卻仍然小有不足，問失物：難尋，問求財，也當用心才有，這表示某些時候天賜予福，有些仍然得付出個人的努力。

（二）籤詩語句進退之間留下思考的形式

　　第 05 籤詩文：只恐前途命有變，勸君作急可宜先。

　　　　　　　　　且守長江無大事，命逢太白守身邊。

　　前途雖是有變，宜守，但急事、迫切需要的事仍然要做，凡事諸多小心，問出外下半年好，問歲君：平安。問婚姻則不吉。此籤解說事項包括好的、平平的以及不好的。

第 15 籤詩文：八十原來是太公，看看晚景遇文王。

　　　　　　目下緊事休相問，勸君且守待運通。

此籤告知只要守和等待即可，不必多問，且不必過於急進，凡事盼望中就得希望，但問外出：不可。問官事：可和。顯然並非只是消極守成。

第 25 籤詩文：總是前途莫心勞，求神問聖往是多。

　　　　　　但看雞犬日過後，不須作福事如何。

此籤指示重點在等待的關鍵時刻：「雞犬日」亦即酉戌，論時指傍晚到深夜，論日是酉和戌兩日，論月是指農曆八、九月，但不全然如此，有些疑難卻與雞犬日毫不相干，且看看解說，問歲君：中和。問移居：不宜。問功名：未就。

（三）籤詩語句看似無望的形式

第 10 籤詩文：開花結子一半枯，可惜今年汝虛度。

　　　　　　漸漸日落西山去，勸君不用向前途。

此籤只看籤詩顯然不存任何希望，看解說則仍可求得一些安慰，問官事明白斷吉，求雨則朝夕即到，耕作尚有半收。

第 20 籤詩文：前途功名未得意，只恐命內有交加。

　　　　　　兩家必定防損失，勸君且退莫咨嗟。

此籤告知前途功名兩不順，不為別的，這是命，宜退亦即是守，雖是如此，也不能說是太糟，尚有希望，問年冬：平平。問六甲：先男後女。

第 55 籤詩文：須知進退總言虛，看看發暗未必全。

　　　　　　珠玉深藏還未變，心中但得往徒然。

此籤看來既不能進，又退不得，想的皆是枉然，然其實也是未必如此絕望問歲君：安。問年冬：平平。

由上得知，再好的籤仍有不完美的事項，再壞的籤，也不致於過度絕望，因而《六十甲子聖母籤》設計，符合接近「中庸原則」。

第二節　解籤的社會功能

一、化解家庭疑難

探討《六十甲子聖母籤》對個人與家庭，兩者的點化、勸戒與提醒。項目有：大命、歲君、移居、婚姻、六甲。

論述如下：

（一）大命

「大命」是人的寶貴生命，俗云：「死生有命，富貴在天」，平時一般人較接受宿命思想，自然接受老天賞賜的福祿、壽考，尤其在早期移民對生命不確定的年代，更何況需經歷天災人禍、改朝換代，甚至是傳染疾病等意外的侵襲，出門在外多少風險承擔，又難免碰到車禍、船難、猛獸、強盜的，倘若當場沒命也就罷了，有幸撿回只剩的半條命，死不了活不成，家人總要負起照顧責任，橫直求支籤要個答案，好明白往後該如何？籤上這麼說：

籤序	解曰	籤序	解曰	籤序	解曰	籤序	解曰
1	平安	16	辰未日過不畏	31	平安	46	安
2	平平	17	求貴人	32	寅辰日過好	47	險而安
3	不畏	18	月光抽好	33	不畏	48	險而安
4	平安	19	險月光漸漸好	34	危險而安	49	老人險少年安
5	月光好月暗不好	20	險未日過不畏	35	少年不畏老人險	50	安
6	少年不畏老人險	21	春夏險秋冬好	36	安	51	不妨
7	少年險老人不畏	22	平安	37	險不畏	52	起倒
8	少年不畏老人險	23	平安	38	少年好老人險	53	不畏
9	不吉	24	不畏	39	漸出運	54	安
10	不吉	25	秋過不妨	40	安	55	險
11	子丑寅日過不畏	26	不畏	41	安	56	險而安
12	不畏	27	不畏	42	險	57	有貴人不畏
13	少年不畏老年不好	28	寅辰日過不畏	43	安	58	險而安
14	月半不畏	29	安	44	月半不畏	59	順安
15	漸漸好	30	月光好	45	安	60	少年險老人不畏

　　子丑寅、辰未日、寅辰日、月半不畏，這些時間性的術語，代表一個疾病對人體的攻擊，人體需要耐得住的時間，也就是說抵抗力夠強的話，耐得住疾病的侵襲，當然就可以脫險。

　　再則提到少年和老人，這是令人擔憂和重視的年齡指標，對少年的關心，因為是未來社會的棟樑，家庭的核心，而對老年的注重，是呈現孝道的傳統。

（二）歲君

籤序	解曰	籤序	解曰	籤序	解曰	籤序	解曰
1	清吉	16	浮沉	31	大吉	46	吉
2	中和	17	淡淡	32	中和	47	淡安
3	安合	18	得利	33	平和	48	浮沉
4	平安	19	照舊	34	未年得宜	49	浮沉
5	平安	20	坎可	35	輕吉	50	吉
6	破財月令不吉	21	中和	36	平安	51	吉頗好
7	好	22	順利	37	平和	52	起倒
8	和氣	23	順利	38	順利	53	中平
9	不吉	24	中和	39	淡安	54	淡淡
10	不順	25	中和	40	平順	55	安
11	順吉	26	順吉	41	平和	56	頗安
12	順吉	27	淡淡	42	浮沉	57	淡淡
13	淡淡	28	平平	43	起倒	58	平平
14	中和	29	平正	44	起倒	59	平和
15	先平後吉	30	平正	45	平和	60	把方殺

　　歲君指一整年的運氣，民風保守的社會，渴求平安是生活的一種希望，民間流行「安太歲」和「補運」的習俗，在求神問卜中抽得好籤，雖然只是「吉」、「安」、「好」，簡單的字義，卻能寬慰人心，起了相當程度的安定力量。既使「不吉」如破財、浮沉、把（北）方殺，簡單的幾個字義也足夠給求籤者謹慎的提醒，可以減少生命的損失、而平平、淡淡、順利，也是一種幸福。

（三）移居

籤序	解曰	籤序	解曰	籤序	解曰	籤序	解曰
1	得安	16	不利	31	好	46	好
2	平平	17	隨意	32	不可	47	正好
3	得安	18	好	33	不可	48	不可
4	得安	19	不可	34	不可	49	不可
5	不好	20	不可	35	得宜	50	好
6	不可	21	好	36	好	51	不吉
7	不可	22	好	37	好	52	平正
8	得安	23	不可	38	不可	53	不可
9	不宜	24	平正	39	好	54	好
10	未允	25	不宜	40	不可	55	不宜
11	平安	26	吉	41	不可	56	不可
12	吉	27	方便	42	不可	57	好
13	不可	28	不吉	43	不可	58	不可
14	吉	29	不吉	44	不可	59	好
15	晚好	30	不可	45	好	60	得安

移居前先行抽籤用意在於設法事先獲知吉凶，以此趨吉避凶的心理準備，這源自於人性對未來無法掌握帶來的不安和恐懼，自古從「周易」更可知其大到天子，小至平民，對未來的預測方式，有龜甲占卜到神算，而民間以求得神籤代行，大都以：吉、不吉。好、不好。可、不可。以決定之。

（四）婚姻

籤序	解曰	籤序	解曰	籤序	解曰	籤序	解曰
1	允成	8	和偕	15	隨便允成	22	和合
2	允好	9	不可	16	平平	23	不可
3	可成	10	不可	17	好	24	允好
4	和偕〈月半成〉	11	好	18	好	25	平正
5	不吉	12	好	19	平正	26	好
6	不宜	13	難成〈有貴人成〉	20	不合	27	有貴人成
7	可成	14	成好	21	可成好	28	不吉

籤序	解曰	籤序	解曰	籤序	解曰	籤序	解曰
29	平平	37	好	45	和合	53	成好
30	不好	38	成好	46	偕老	54	大吉
31	好	39	好	47	正好	55	不成
32	不吉	40	和偕吉	48	不可	56	不可
33	不可	41	偕老	49	口舌多難成	57	可成
34	成好	42	不宜	50	偕老	58	不吉
35	有合難成	43	平平	51	成好	59	成好
36	好	44	中和	52	成好	60	不可

　　傳統習俗，男人把考試登科、娶妻、生子視為人生的成就。娶妻又名小登科，而女人，更視婚姻為終身大事，所以嫁人叫找到「歸宿」，現在不管男女一律統稱婚姻，稱為「結婚」，從古到今不管是父母之命、媒妁之言、自由戀愛，人對於終生的抉擇仍有潛在的擔憂，抽得神籤來安定其心。

　　依以上的解，「吉語」較多，得見神明成人之美，不成人之惡。而「成好」、「可成好」意謂不管媒人說親或自己求婚，「說得成」就是好的，亦是說「對方有答應」就是好事，看來神明亦不強人所難，隨緣自在。

（五）六甲

　　「六甲」指的是婦人懷孕。生小孩是女人一生中的大事，上蒼賦予女人的責任「生育」是古今中外無可改變的事實，全人類的共同現象，古來習俗「相夫教子」、「傳宗接代」是女人的重要生活也是生命的特定功能和重大意義，因此延續後代是女人展示生命價值的契機，懷孕是否順利，生男？生女？是婆媳、母女預知結果的大項目，籤上顯示有：

籤序	解曰	籤序	解曰	籤序	解曰	籤序	解曰
1	生男難養	6	生男貴氣	11	先男貴氣	16	先男後女
2	先男後女貴氣	7	先男後女	12	生男女貴氣	17	先男後女
3	先男後女	8	先男後女	13	生男貴氣	18	生男
4	生男	9	生男貴氣	14	男女富貴	19	先女後男得貴
5	頭胎生女次生男	10	生男女貴氣	15	先女後男貴氣	20	先男後女

籤序	解曰	籤序	解曰	籤序	解曰	籤序	解曰
21	生男	31	先女後男	41	先男後女	51	男女貴氣
22	生男	32	先女後男	42	先女後男	52	先男後女
23	生男	33	先男後女	43	先女後男	53	先男後女
24	先女後男	34	男女貴氣	44	先女後男	54	先女後男
25	先男後女	35	男女貴氣	45	先男後女	55	先男後女
26	先男貴氣	36	男女貴氣	46	先男後女	56	先女後男
27	先男後女	37	先男後女	47	月頭生女月尾生男	57	先女後男
28	男女貴氣	38	生男	48	生男	58	先女後男
29	先男後女	39	男女貴氣	49	先男後女	59	男女貴氣
30	男女貴氣	40	先男後女	50	男女貴氣	60	先女後男

　　世俗所稱「貴氣」是指孩子不好養、難以成長的意思。父母對該子女的教養可能比較辛苦，「富貴」則代表孩子命好，一樣是貴，差別就很大了。

　　至於「難養」是說可能有養不成功（夭折），或小孩與父母緣份很薄，至於防止小孩不幸的方法是把小孩送人當養子女，或應予認乾爹、娘的傾向，亦或給神當契子（透過儀式給神當義子）。

　　看來在乎的是肚中的小孩是男？是女？小孩好不好？未見對孕婦身體、生命的關心，可知當時社會婦女的地位是相當低落的。

二、化解事業疑難

　　早期移民從事的職業尚不多類，大部份集中在：士、農、工、商、漁等項，其中屬於魚業類的求籤事項如討海、魚苗之類，已經因科學探測氣象的發達，魚民幾乎可決定要不要下海補魚和可預測魚獲量，因此減少求籤的機會，故本文不予討論。

　　《六十甲子聖母籤》採用職業類別設計的解疑事項大致如下：

（一）年冬

籤序	解曰	籤序	解曰	籤序	解曰	籤序	解曰
1	平常	16	平正	31	好	46	平正
2	早八分，允九分	17	平平	32	平平	47	中中
3	八分	18	好	33	平平	48	不吉
4	允收八分	19	依舊	34	早平晚好	49	早好
5	平正	20	平平	35	中和	50	早好晚平
6	平正	21	八分	36	好	51	早平晚好
7	平平	22	允好	37	平正	52	平平
8	允收	23	平平	38	中正	53	中平
9	平正	24	平正	39	平平	54	允好
10	平平少收	25	平正	40	平平	55	平平
11	順好	26	好收	41	好	56	平平
12	平平	27	平正	42	中平	57	平平
13	平正	28	早不好晚平常	43	中中	58	中中
14	平平	29	平平	44	中中	59	平平
15	中和	30	平正	45	允順	60	平平

　　此項目看來是為農民設計的，只要農作物有好的收成，滿足了基本民生需求，可以解除人對未來生活的擔憂和不安，一句簡單的保證如：好、平正、八分（有八成的收穫）等，足可安慰人心，上述的語句已經帶來安定的力量。

（二）求財

籤序	解曰	籤序	解曰	籤序	解曰	籤序	解曰
1	輕微	16	上半年無下半年有	31	用心即有	46	中中
2	春有別時無	17	有	32	輕	47	輕
3	輕	18	不多	33	漸有	48	輕
4	少可	19	輕微	34	頗重	49	淡淡
5	輕微	20	輕	35	漸有	50	中中
6	輕	21	輕	36	輕	51	冬天大吉
7	月光微微月暗全無	22	無多得利	37	輕	52	浮沉
8	重有	23	無多得利	38	輕	53	有
9	難事	24	有	39	輕	54	先無後有
10	上半年空破錢	25	利夏天有	40	有	55	輕
11	漸漸有	26	有	41	輕	56	空
12	小吉	27	輕	42	無	57	輕
13	輕	28	輕	43	近輕遠重	58	淡淡
14	月光抽好月暗抽難	29	微利	44	淡淡	59	好有利益
15	先有後有口舌	30	微利	45	中中	60	淡淡

　　從事商業和買賣行為者，會關心這個項目，上述語句看似小本生意居多，簡單的解答，可以預測即將投下的資本，能有多少利益？會不會帶來損失？因而減少在有限的財源中投資錯誤的損失，可預防產生家庭經濟的危機。

（三）作事

籤序	解曰	籤序	解曰	籤序	解曰	籤序	解曰
1	難成	16	辰未日抽好	31	成好	46	成好
2	二次成	17	平正	32	寅辰日過好	47	二次成
3	二次成	18	月光抽好	33	難成	48	難成 未日抽成
4	成	19	月光抽好	34	辰未日成好	49	辰未日成好
5	起倒前成 後不成	20	不遂	35	難成	50	難成
6	難成	21	春夏無秋冬有	36	月光成好	51	難成
7	月光成	22	難成	37	難成	52	難成
8	難成	23	未日抽好	38	成好	53	成好
9	不可	24	月半抽好	39	有貴人	54	難成
10	難成	25	戌日抽成	40	難成	55	難成
11	子丑寅日 抽成	26	春成好	41	難成	56	難成
12	二次成貴 人引成	27	難成	42	難成	57	成好
13	難成	28	成好	43	月半抽好	58	未日抽成好
14	難成	29	未日抽好	44	月光好	59	成好
15	難成	30	未日抽成月光好	45	難成	60	月光好

　　據民間耆老提供，此項是子女遠赴異地工作或轉業或求職者，臺灣早期社會，物資缺乏，生活不易，大部份家庭從事農、魚、牧的行業，而且父子相承，若想轉業嚐試新的工作，是很大的冒險和考驗，對工作者是一件大事，甚至於影響一生的成敗，因此上廟求籤借以增加信心。

　　「難成」是說不容易，包含若要做需要相當大的毅力和能力，「成好」是說做得成功就是好的，是在鼓勵試試看，做做看。「起倒前成後不成」是說剛開始可能順利，最後會不順利。

　　觀上所言，決定權仍在自己，神明只盡到提醒之責，最後亦是講究時機成熟必然可以水到渠成的觀念。

（四）功名

籤序	解曰	籤序	解曰	籤序	解曰	籤序	解曰
1	有	16	無	31	有進	46	有
2	不中 秋月進	17	勤讀好 後科	32	不就	47	有
3	後科難 月暗有	18	有	33	後科	48	無
4	後科中 秋自知分	19	難得	34	後科	49	無
5	先難後有	20	無	35	後科	50	無
6	無	21	欲進求神	36	後科	51	後科
7	少年成就老無	22	援達	37	有	52	久就尾好
8	不中 秋月可進	23	援達	38	有	53	無
9	未就	24	得中	39	虛	54	善心有
10	急想	25	未就	40	無	55	後科
11	進中	26	朱衣點頭	41	無	56	難
12	無	27	援到	42	不就	57	後科
13	難成	28	無	43	不就	58	無
14	有	29	不就	44	無	59	有
15	無　晚過	30	不就	45	不就	60	後科

　　完成文人的終極目標：「中科得第、當官，經世治用」這是給讀書人的提醒，也是接受傳統價值觀「大孝顯親」的鞭策，更何況在「萬般皆下品唯有讀書高」的社會觀念，求「功名」是生命中相當重要的任務。

　　借由抽神籤以預知結果，提醒學儒更加努力，至今求功名的熱絡程度仍不下於古人。

　　苗栗縣頭份鎮的「永貞宮」留存博士及高考及格人士謝神記錄。

　　新竹縣芎林鄉的「文林閣」亦有博士生於廟牆刻下謝神的名字，以此可以嗅到世人重視功名的氣氛。

下圖：攝於頭份永貞宮

下圖：攝於莒林文林閣

（五）求雨

籤序	解曰	籤序	解曰	籤序	解曰	籤序	解曰
1	尚求	16	不日到	31	及時	46	月半有
2	甲子日得有	17	初初到尾	32	不日到	47	未久
3	過日自有	18	不日即到	33	援有	48	暴到
4	月末即到	19	未有	34	不日到	49	尚未
5	朝夕即有	20	無	35	不日到	50	及時
6	不到則久	21	援到	36	及時	51	不日到
7	初無月尾有	22	上下弦	37	不日到	52	多風少雨
8	月尾即有	23	上下弦	38	尚未	53	月尾到
9	尚未自有	24	未有	39	未有	54	必來
10	朝夕即到	25	甲子乙丑日不久	40	後旬到	55	未有
11	近日有	26	必到	41	有	56	尚未
12	遠	27	尚未有	42	有小無大	57	不日到
13	近日無	28	不日到	43	小許	58	遠
14	月半無月尾有	29	不久	44	未有	59	不日到
15	不日到	30	不久	45	再幾日有	60	不日到

　　農作需要雨的滋潤，農人種植稻米、蔬菜、瓜果，期待老天的幫忙，尤其在雨荒或乾寒季節，收成好壞影響一家的生計，栽種也得靠天時地利。

　　求雨所尋獲的解答只是很單純的知道：有或沒有，以及什麼時候會下雨？「求雨」儀式至今仍保留，尤其「缺水」時期，上廟求告神明降雨解決水荒的，仍然不算少數，據民間消息來源：甚至有鄉（里）長帶隊祭拜求雨的，其誠心的態度不下於歷史上，皇帝告天之記載，水乃民生必需，不可或缺。

三、化解人際疑難

（一）詞訟（訟事）（官事）

籤序	解曰	籤序	解曰	籤序	解曰	籤序	解曰
1	平和 事事在援	16	不審則和無審結局	31	勝	46	勝
2	損無難事	17	辰巳日 完局	32	不可	47	先凶後吉
3	換官即好二個月完	18	月光不畏	33	先凶後吉	48	未可
4	平安	19	拖尾	34	勝	49	口舌多 難和
5	宜和拖尾	20	拖尾	35	拖尾	50	拖尾
6	不可拖尾	21	先凶後吉	36	勝	51	萬和
7	和	22	和合好	37	平順	52	有慮
8	定著	23	尾勝吉	38	寬和	53	緊審和好
9	不可破錢	24	得和	39	和	54	和
10	明白斷吉	25	宜和	40	中和	55	拖尾
11	有人和吉三月完局	26	必和	41	勝	56	拖尾
12	逢貴人 平安	27	平和	42	不好	57	宜和
13	拖尾平安	28	難完局	43	不畏	58	反覆
14	拖尾破財	29	拖尾	44	先易後難	59	中中
15	可和	30	險	45	不畏	60	不畏

　　雖然民風純樸保守，卻免不了的人事紛爭，還可能到對簿公堂的地步，但最後仍是以和為貴，所以解籤明示有：平和　中和　可和　得和　宜和　必和　寬和　萬和等語句，若再纏訟其結果將導致：難完局　口舌多難和。

　　信民遇到再壞的衝突，萬不得已而興訟事，尚且求告神明，顯然人性本善。

第三節 求籤的行為和心理

本節從社會角度，解釋求籤的行為和心理：

一、求籤的行為

借用社會學術語，從巨視（宏觀）探討求籤的行為，分析如下：

（一）外顯功能在於提升社會活動的參與

1. 社會並無制式的規定，所以「問神求籤」乃是信民之間在自由意志下行使的行為，大部份都能在輕鬆自主的心態下行動。

2. 崇拜神明與求籤的儀式無形中規範了信民的行為，產生一種規律性秩序感，因而增加人我之間的互動和學習，無形中帶動同類共處的簡單合羣性。

（二）潛在功能在於提升社會凝聚力

1 增加心理補償與淨化功能

信民經歷生活的不如意，在籤解中得到安慰的力量，接受人生的順逆，撫平受傷的心和不滿的情緒，降低憤怒與好鬥，減少人羣間的衝突與失和。

2. 補充教育不足與教化功能

籤詩與籤解，無形中加強信民的識字與思考能力，達到改變與進步的機會，修正了人與人、人與事、人與自然之間的接觸、想法和做法，提升了信民的文化素養。

3. 風俗制度的建立與維持

求籤問事無形中成了一種風俗制度，帶動信眾追隨一種共同信賴的思想，而詩籤成了感情信仰的文物，默默的為大眾所接受，因此流行於社會，為社會上人人所遵從，於焉形成思想、感情與行為的文化模式。

（三）反功能

當然求籤的行為不盡然都是好處，它同時存在若干壞處，例如：

1. 「大家樂」盛行的時代（八十年代臺灣社會新興的簽賭遊戲），也有不少信眾請求神明出示明牌，當作選中獎號碼的依據；下賭注，造成不良的賭博行為，不少人因賭輸賠錢而怪罪神明；破壞神像的。

2. 容易成為政治操作的場所，亦有選民用「筊杯求籤」判定候選人好壞，無形中製造當地居民角頭競爭與派系糾紛，加深選民心理不安和紛亂的情結。

3. 當信民之間對拜拜與求籤行為有了認同與反對的聲音出現，也易造成對立與疏離的局面，增加人際互動的摩擦。

二、求籤的心理

信眾參與求籤的活動潛意識的受到社會影響，且於無形中尋找社會規範和尋求安全感，這是人與人接觸和人對環境順從共處非常重要的心理效應。

人因而得以借著求籤問事的共同行為（表現合作），滿足「求助」的過程，再因接受團體的行為，從其規範而獲得「認同」，因而在他人影響下，大多數人參加或重複其「求籤問事」乃因「從眾」的心理，遂而達成團體共生和個人安全，這種產生眞誠，而改變內在的行為稱之為「接受」。

由此明白籤上解（斷）事項的形成因素，奠基於信眾需求的普遍心理，而得以發展和延續。

再說「入鄉隨俗」是人適應生活環境的基本態度，信民問事不外乎生、老、病、死，事業前途和與人相處的問題等等，屬於個人的、家庭的、社會的，自然的、實際的、可能的，生活的、環境的，整體在於對人生的豐盛與完滿之實現，巧妙處理生活中利害得失諸問題。

加之信民在「求籤與解籤」的行為中，完成「求助」、「合羣」、「從眾」、「認同」的共同情感，因此得以見到生人的生命企圖，所求者是，而所依循的思想乃在順天知命，也因此而培養了對神尊敬的心和對人、對環境平等和諧的對待。

第七章 結 論

　　《六十甲子聖母詩籤》最具通俗化和親和力，容易讓信眾接受，是流通很廣的因素之一。

　　尤其籤詩語句在平易近人中起了滿足個人需要，達成協助個人調適環境和增加與他人互動的良好影響，對社會的安定增加無形力量：

一、籤詩突破了詩的欣賞、吟詠傳統價值，創造了不同凡響的功能，可以做為勸戒、安撫之用，它沒有論說文體說教式的生硬，也不像勸世嘉言的直接簡短，而是用了興體詩方式的表現手法，不但具有含蓄美，且符合東方式的委婉，可說在道不盡的欲言又止的意境中，讓求籤者盡情發揮想像，在進退之間對自己所遇、所感，留下反省改變的空間，期待讓自己未來更美好。

二、詩籤留存民間七言詩創造和大量民間文化

　（一）民間七言詩創造

　　　1. 以興體七言詩做心理諮商，用借甲說乙的方式，富含說話的藝術性。

　　　2. 用了信民俯拾可得的大自然景物日、月、風雲作比喻，與之生活作息，息息相關，信民在乎的吉、凶和平安否？籤詩均有簡單表示。

　（二）大量民間文化

　　　1. 故事包括

　　　（1）民間喜愛的歷史人物，而這些歷史人物有幾種典型，有忠臣如（趙雲）、有孝子如（朱壽昌），有大部份具有智慧，有膽識、有謀略如（姜子牙），有不怕失敗、有克服

困難的勇氣如（蘇秦）。

（2）小說人物也有幾種典型，完全拋開傳統功名、地位、身份的束縛，追求新的人生價值，如愛情的陳三，趣味的桃花。

2. 民間流行俚語如：蜻蜓飛入蜘蛛網。

3. 民俗像小兒遇三煞。

4. 地方戲曲的發展：

表演內容：有演歷史故事的、有演民間傳說的，有純爲樂趣的戲曲故事等。

表演方式：有承襲大陸祖地的北劇、南戲、梨園戲。有臺灣發展的本土戲：歌仔戲、車鼓弄、布袋戲。

5. 故事又以說書講古方式深入民心，可以補充和替代入學求知。

因此可說詩籤使文學除了經由戲劇與口傳的傳播外，也借廟籤作了另一種流傳而形成地方特色與民間文化結合，增加信民求知的機會與文學的陶冶。

三、「求籤」成爲一種約定俗成的民俗活動，可以促進居民增加社會生活，融合社區意識與文化的提倡和延續，讓人與人之間發生正常的交涉。

「詩籤」成了廟宇文化的有形文物，增加信眾接觸文物制度參與的機會，應付社會要求和從其規範，使得廟宇成了地方活動和信仰的中心，敦促社會進步。

四、信民問事，不外處理生活問題，追求生命價值，從微視（微觀）的角度，審視求籤者的心理機制，在於處理內心對環境和未來的不安與惶恐。

因而詩籤具有安定民心，淨化思想，獲得精神補償，協助去除暴戾不滿的情緒，依賴詩籤的提醒達成轉念和改變做法，使個人人格更完整更健康。

五、大抵宗教與社會道德密切相關，宗教可以定義爲是「最高社會價值的意思」，而神籤皆設立在「神廟」當然可視爲宗教的一部份，此處乃從宗教心理面向，看求籤問事的生活功能出發，目的是在達成維

持任何人，對於人類道德和精神幸福的追求。

人類道德又在家庭維繫的彰顯如：婚姻、六甲、事業（年冬、求財）等問題解決，而精神幸福之個人滿足如：歲君、大命的平安與順遂。

六、信眾至廟求籤問事，是居於「信」，因信則有，心誠則靈，顯然廟籤與信仰亦有相輔相成的關係，信仰帶動廟籤的延續，求籤表現信仰的發展。

以上得知詩籤以文學、社會（道德）和心理（宗教）的角色，對民心的洗滌與人性的薰陶做出貢獻，對社會是有建設性的，它反應時代人類的渴望與祈求，只是在於可得平安、順利、吉慶之單純的生命滿足、傳承與維繫。

引用文獻

一、專書

（一）古籍 （依著作時代先後排比）

1. 《史記》（漢）司馬遷撰、（宋）裴駰集解，台北：宏業書局，1990 年 10
月。

2. 《說文解字》（漢）許慎撰（清）段玉裁注，台北：洪葉文化事業有限公
司 2003 年 10 月。

3. 《禮記注疏（漢）鄭康成，台北：世界書局，1986 年 10 月。

4. 《搜神記》（晉）干寶撰，台北：里仁書局發行，1981 年。

5. 《文心雕龍注》（梁）劉勰著（清）黃淑琳注，紀昀評，台北：世界書局
印行，1956 年 2 月。

6. 《柳毅傳》（唐）李朝威，台北：三人行書局，1984 年。

7. 《舊唐書》（後晉）劉昫撰，台北：藝文印書館，1982 年 5 月。

8. 《舊五代史》（宋）薛居正等撰、楊家駱主編，台北：鼎文書局，1976 年
7 月。

9. 《太平廣記》（宋）李昉，北京：中華書局出版，1961 年 9 月。新一版，
1995 年 8 月，第六次印刷。

10. 《太平御覽》（宋）李昉，河北：教育出版社，1994 年 7 月。

11. 《東京夢華錄》（宋）孟元老等著，上海：中華書局，1962 年 5 月。

12. 《全相平話武王伐紂書、全相平話樂毅圖齊七國春秋後集、全相秦併六國
平話、全相平話前漢書續集、全相平話三國志》全集（元）不著撰人，
台北：國立中央圖書館編印，1971 年 10 月。

13. 《三國演義》（元）羅貫中，台南：世一文化公司出版，1990 年 2 月初版，
1996 年 4 月，再版七刷。

14. 《三分事略·剪燈餘話·荔鏡記》（元）不著撰人，日本：八木書店製作，1980 年 9 月。

15. 《包公案》（明）無名氏撰，顧宏義校注，謝士楷·謬天華校閱，台北：三民書局，1998 年 1 月。

16. 《西游記》（明）吳承恩，台北：智揚出版社，1994 年。

17. 《韓湘子九度文公昇仙記》（明）錦窩老人撰，台北：天一出版社，1983 年。

18. 《全漢志傳》（明）余象斗，上海：上海古籍出版社，1990 年 8 月。

19. 《春秋列國志傳》（明）陳繼儒，上海：上海古籍出版社，1990 年 8 月。

20. 《封神演義》（明）陸西星著，台北：臺灣文源書局出版，1988 年 6 月。

21. 《警世通言》（明）馮夢龍，台北：光復書局，1998 年 8 月。

22. 《醒世恒言》（明）馮夢龍，湖南長沙：岳麓書社出版發行，1993 年 2 月。

23. 《東周列國演義》（明）馮夢龍原著·高陽校閱，台北：風雲時代出版社 1987 年 7 月。

24. 《明史》（清）張廷玉，台北：藝文印書館，1982 年 5 月。

25. 《二度梅全傳》（清）惜陰堂主人編輯，上海：上海古籍出版社，1990 年 8 月。

26. 《新刻異説後唐傳三集薛丁山征西樊梨花全傳》（清）如蓮居士，上海：上海古籍出版社，1990 年 8 月。

27. 《古柏堂戲曲集》（清）唐英撰、周育德校點上海：古籍出版社出版，1987 年 10 月。

28. 《臺灣府志》（清）范咸等修北京：中華書局出版，1986 年 5 月。

29. 《説岳全傳》（清）錢彩，台北：桂冠圖書公司，1983 年 2 月初版，1984 年 10 月再版。

30. 《新刻時興泉潮雅調陳伯卿荔枝記大全》（清）原詳名吳守禮校注，台北：從宜工作室，2001 年 12 月。

31. 《桃花女鬥法》（清）夢花主人，合肥：廣文書局編譯所，1980 年春。

32. 《薛仁貴征東》（清）吳璿高陽校閱，台北：風雲時代出版社，1987 年 7 月。

（二）近代（依著作筆劃）

1. 《月唐演義》，靈巖樵子，台北：文化圖書公司，1979 年 2 月。

2. 《六十條手巾歌》，佚名新竹：竹林書局，1990 年 8 月。

3. 《六十甲子籤詩解》，葉山居士，台中：創譯出版社印行，197 年 8 月初版·1984 年 3 月四版。

4. 《民間故事類型索引》，金榮華，台北：中國口傳學會，2007 年 2 月。

5. 《民俗臺灣》，林夫穿，台北：武陵出版社，1990 年 1 月。

6. 《古今通編天上聖母應驗靈籤》，許清泉編，桃園：慈護宮，無出版日。

7. 《列女傳今註今譯》，張敬，台北：臺灣商務印書館，1994 年 6 月。

8. 《白蛇傳全編》，馬如飛，台北：古亭書局，1975 年 4 月。

9. 《宋史演義》，蔡東藩，台北：文化圖書公司，1988 年 12 月。

10. 《宋元南戲百一錄》，錢南揚撰，台北：進學書局發行，1969 年 11 月。

11. 《征東征西掃北》，博元編，台南：博元書局，1989 年

12. 《征東・征西》，陳錦芳，台北：臺灣文源書局，1983 年 3 月。

13. 《南瀛籤詩故事誌》，王文亮，台南：台南縣政府，2006 年 4 月。

14. 《南戲拾遺》，陸侃如・馮沅君，台北：進學書局，1969 年 11 月。

15. 《神仙故事》，姜濤，台北：莊嚴出版社出版，1990 年 9 月。

16. 《修辭學發凡》，陳望道，上海：新藝文出版社，1955 年 2 月。

17. 《敦煌變文集新書》，潘重規，台北：中國文化大學，1984 年 1 月。

18. 《詩經釋義》，屈萬里，台北：中國文化大學，1988 年 5 月。

19. 《詩學概要》，林正三，台北：廣文書局，1998 年 7 月。

20. 《楊家將演義》，紀振倫撰，台北：三民書局，1998 年 2 月。

21. 《新開天闢地歌》，佚名，新竹：竹林書局，1989 年 6 月。

22. 《臺灣道教源流》，賴宗賢，台北：中華大道文化事業，1999 年 2 月 1 日。

23. 《臺灣民村民謠與詩詠》，簡榮聰，南投：臺灣史蹟源流研究會，1994 年
    6 月。

24. 《臺灣的鄉土神明》，姜義鎮，台北市：臺原出版社 1998 年 9 月 1 日。

25. 《臺灣俚諺集覽》，臺灣總督府編，台北：南天書局，1914 年 5 月初版，
    1991 年 10 月複刻版。

26. 《談籤詩說八卦》，陳清和，嘉義：玩索讀書會策劃陳韻如出版，2003 年
    5 月。

27. 《實用中國語文手冊》，張棣華，台北：福記文化圖書公司，1991 年 8 月。

28. 《薛丁山征西》，陳錦芳，台北：臺灣文源出版社，1983 年 3 月。

29. 《中國的靈籤・藥籤集成》（日）酒井忠夫等編著：日本：東京株式會社
    風響社 1992 年 6 月 10 日。

30. 《臺灣風俗誌》（日）片岡巖著，陳金田譯，台北：大立出版社，1981 年
    1 月。

二、單篇論文、期刊

1. 〈台南的寺廟籤詩〉，吳樹撰，《臺灣風物》第十八卷第二期，1968 年 4 月。

2. 〈台南舊廟運籤的初部研究〉，丁煌撰，《儀式、廟會與社區》，台北：中央研究院中國文哲研究，1996 年 11 月，初版，1999 年 7 月修訂一版。

3. 〈占卜的源流〉，容肇祖撰，《歷史語言研究所集刊》中央研究院，第一本第一分 1928 年 2 月。

4. 〈北港媽祖廟籤詩研究〉，陳咸伯、施靜宜撰，《人文海洋：國際海洋文化研討會會後論文集》，2006 年。

5. 〈宜蘭縣內廟的運籤〉，林修徹撰，《宜蘭研究‧第三屆學術研討會論文集》，2004 年。

6. 〈周公桃花女故事〉，劉萬章撰，《中山大學民俗周刊》〈四十一‧四十二合集‧神號專刊〉，廈門：中山大學，1933 年。

7. 〈神籤探索起步〉，朱介凡撰，《中國民俗學通訊》第三十期，1993 年 12 月。

8. 〈莊子休鼓盆成大道故事試探〉，金榮華撰，《民間文學與中國文化國際研討會論文集》，台北：國立編譯館印行，1997 年 7 月。

9. 〈閩南傳說的梁山伯與祝英台〉，謝雲聲撰，《民俗》，廈門：中山大學，1928 年 12 月複刻版，第三十八期。

10. 〈靈籤兆象研究〉，林國平撰，《民俗研究》，2006 年季刊，第四期，山東：新華印刷，2006 年 12 月。

三、學位論文

1. 《中國靈籤研究》，龐緯撰，台北：臺灣師範大學博士論文，1976 年。

2. 《臺灣地區舊廟籤詩文化之研究——以南部地區百年寺廟為主》，王文亮撰，台南：台南師範學院鄉土文化研究，碩士論文，2000 年。

3. 《寺廟籤詩研究-以臺灣寺廟運籤為主》，劉玉龍撰，彰化：國立彰化師範大學國文學系，2005 年。

四、網站

1. 《東吳歷史學報》網站，上網日期：2007.12.24 網址：http://www.scu.edu.tw/history/

2. 《福建泉州》歷史網站，上網日期：2008.1.23 網址：http://qzhnet.dnscn.cn/

3. 《台北國光劇團》網站，上網日期：2008.2.10，網址：http://www.kk.gov.tw/

4. 《客家傳說故事網站》，上網日期：2008.5.31 網址：www.nhcsec.gov.tw/learn/

5. 《大紀元文化網‧歌仔戲專輯》網站，上網日期：2007.11.30，網址：

http://news.epochtimes.com

附　錄

附錄一

六十甲子聖母籤平仄、用韻分析

籤序	籤詩內文	平仄分析	韻　腳	用韻類型	押韻法	備　註
1. 甲子	日出便見風雲散 光明清淨照世間 一向前途通大道 萬事清吉保平安	仄仄仄仄平平仄 平平平仄仄仄平 仄仄平平平仄仄 仄仄平仄仄平平	散：翰韻 間：刪韻 安：寒韻	仄起首句 不入韻 不合平仄		刪、寒 古韻同
2. 甲寅	于今此景正當時 看看欲吐百花魁 若能遇得春色到 一洒清吉脫塵埃	平平仄仄仄平平 仄仄仄仄仄平平 平平仄仄平仄仄 仄仄平仄仄平平	時：支韻 魁：灰韻 埃：灰韻	平起首句 入韻，第一 句合平仄	飛雁 入群格	「看」 平仄通 讀
3. 甲辰	勸君把定心莫虛 天註衣祿自有餘 和合重重常吉慶 時來終遇得明珠	仄平仄仄平仄平 平平平仄仄仄平 平仄平平平仄仄 平平平仄仄平平	虛：魚韻 餘：魚韻 珠：虞韻	平起首句 入韻，3.4 句合	飛雁 出群格	
4. 甲午	風怡浪靜可行舟 恰是中秋月一輪 凡事不須多憂慮 福祿自有慶家門	平平仄仄仄平平 仄仄平平仄仄平 平仄仄平平平仄 仄仄仄仄仄平平	舟：尤韻 輪：眞韻 門：元韻	平起首句 不入韻，第 二句合平 仄		

籤序	籤詩內文	平仄分析	韻　腳	用韻類型	押韻法	備　註
5. 甲申	只恐前途命有變 勸君作急可宜先 且守長江無大事 命逢太白守身邊	仄仄平平仄仄仄 仄平仄仄仄平平 仄仄平平平仄仄 仄平仄仄仄平平	變：霰韻 先：先韻 邊：先韻	仄起首句入韻，1.2句合平仄	飛雁入群格	
6. 甲戌	風雲致雨落洋洋 天災時氣必有傷 命內此事難和合 更逢一足出外鄉	平平仄仄仄平平 平平平仄仄仄平 仄仄仄仄平平仄 平平仄仄仄仄平	洋：陽韻 傷：陽韻 鄉：陽韻	平起首句入韻，第一句合平仄		
7. 乙丑	雲開月出正分明 不須進退問前程 婚姻皆由天註定 和合清吉萬事成	平平仄仄仄平平 仄平仄仄仄平平 平平平平平仄仄 平仄平仄仄仄平	明：庚韻 程：庚韻 成：庚韻	平起首句入韻，第一句合平仄		
8. 乙卯	禾稻看看結成完 此事必定兩相全 回到家中寬心坐 妻兒鼓舞樂團圓	平仄仄仄仄平平 仄仄仄仄仄平平 平仄平平平平仄 平平仄仄仄平平	完：寒韻 全：先韻 圓：先韻	仄起首句不入韻，平仄不合	飛雁入群格	
9. 乙巳	龍虎相隨在深山 君爾何須背後看 不知此去相愛惜 他日與我却無干	平仄平平仄平平 平平平平仄仄平 仄平仄仄平仄仄 平仄仄仄仄平平	山：刪韻 看：寒韻 干：寒韻	七絕仄起	飛雁入群格	
10. 乙未	開花結子一半枯 可惜今年汝虛度 漸漸日落西山去 勸君不用向前途	平平仄仄仄仄平 仄仄平平仄平仄 仄仄仄仄平平仄 平平仄仄仄平平	枯：虞韻 度：遇韻 途：虞韻	七絕平起第四句合平仄		
11. 乙酉	靈雞漸漸見分明 凡事且看子丑寅 雲開月出照天下 郎君即便見太平	平平仄仄仄平平 平仄仄仄仄仄平 平平仄仄仄平仄 平平仄仄仄仄平	明：庚韻 寅：眞韻 平：庚韻	七絕平起首句入韻，第一句合平仄		庚、眞不通押，不合韻
12. 乙亥	長江風浪漸漸靜 于今得進可安寧 必有貴人相扶助 凶事脫出見太平	平平平仄仄仄仄 平平仄仄仄平平 仄仄仄平平仄仄 平仄仄仄仄仄平	靜：敬韻 寧：青韻 平：庚韻	七絕平起整首不合平仄		四聲通押

籤序	籤詩內文	平仄分析	韻　腳	用韻類型	押韻法	備　註
13. 丙子	命中正逢羅孛關 用盡心機總未休 作福問神難得過 恰是行舟上高灘	仄仄仄平平仄平 仄仄平平仄仄平 仄仄仄平平仄仄 仄仄平平仄平平	關：刪韻 休：尤韻 貪：寒韻	仄起 第 1 句合平仄		刪、尤、寒，不通押，此不合韻
14. 丙寅	財中漸漸見分明 花開花謝結子成 寬心且看月中桂 郎君即便見太平	平平仄仄仄平平 平平平仄仄仄平 平平仄仄仄平仄 平平仄仄仄仄平	明：庚韻 成：庚韻 平：庚韻	七絕平起 第一句合平仄		
15. 丙辰	八十原來是太公 看看晚景遇文王 目下緊事休相問 勸君且守待運通	仄仄平平仄仄平 平平仄仄仄平平 仄仄仄仄平平仄 仄平仄仄仄仄平	公：東韻 王：陽韻 通：東韻	仄起 第一、二句合平仄		東、陽通押，此為口語韻〈台省唸謠形式〉
16. 丙午	不須作福不須求 用盡心機總未休 陽世不知陰世事 官法如爐不自由	仄平仄仄仄平平 仄仄平平仄仄平 平仄仄平平仄仄 平仄平平仄仄平	求：尤韻 休：尤韻 由：尤韻	七絕平起 第一、二、三句合平仄		
17. 丙申	舊恨重重未改為 家中禍患不臨身 須當謹防宜作福 龍蛇交會得和合	仄仄平平仄仄平 平平仄仄仄平平 平平仄平平仄仄 平平平仄仄平仄	為：支韻 身：眞韻 合：合韻	七絕仄起 1.2 句合平仄		
18. 丙戌	君問中間此言因 看看祿馬拱前程 求得貴人多得利 和合自有兩分明	平仄平平仄平平 仄仄仄仄仄平平 平仄仄平平仄仄 仄平仄仄仄平平	因：眞韻 程：庚韻 明：庚韻	七絕仄起	飛雁入群格	
19. 丁丑	富貴由命天註定 心高必然誤君期 不然且回依舊路 雲開月出自分明	仄仄平仄平仄仄 平平仄平仄平平 仄仄仄平平仄仄 平平仄仄仄平平	定：徑韻 期：支韻 明：庚韻	七絕仄起第四句合仄起的第二句		
20. 丁卯	前途功名未得意 只恐命內有交加 兩家必定防損失 勸君且退莫咨嗟	平平平平仄仄仄 仄仄仄仄仄平平 仄平仄仄平仄仄 平平仄仄仄平平	意：眞韻 加：麻韻 嗟：麻韻	七絕平起第 4 句合	飛雁入群格	

籤序	籤詩內文	平仄分析	韻 腳	用韻類型	押韻法	備 註
21. 丁巳	十方佛法有靈通 大難禍患不相同 紅日當空常照耀 還有貴人到家堂	仄平平仄仄平平 仄平仄仄仄平平 平仄平平平仄仄 平仄仄仄仄平平	通：東韻 同：東韻 堂：陽韻	七絕平起 第一、三句 合平仄	飛雁 出群格	
22. 丁未	太公八十家業成 月出光輝四海明 命內自然逢大吉 茅屋中間百事亨	仄平仄仄平仄平 仄仄平平仄仄平 仄仄仄平平仄仄 平仄平平仄仄平	成：庚韻 明：庚韻 亨：庚韻	七絕平起 第二、三句 合平仄		
23. 丁酉	欲去長江水潤茫 前途未遂運未通 如今絲倫常在手 只恐魚水不相逢	仄仄平平仄仄平 平平仄仄仄仄平 平平平平平仄仄 仄仄平仄仄平平	茫：陽韻 通：東韻 逢：冬韻	七絕仄起 第一句合 平仄		
24. 丁亥	月出光輝四海明 前途祿位見太平 浮雲掃退終無事 可保禍患不臨身	仄仄平平仄仄平 平平仄仄仄仄平 平平仄仄平平仄 仄仄仄仄仄平平	明：庚韻 平：庚韻 身：眞韻	七絕仄起 第一、三句 合平仄	飛雁 出群格	
25. 戊子	總是前途莫心勞 求神問聖往是多 但看雞犬日過後 不須作福事如何	仄仄平平仄仄平 平平仄仄仄仄平 仄仄平仄仄平仄 仄平仄仄仄平平	勞：豪韻 多：歌韻 何：歌韻	七絕仄起	飛雁 入群格	
26. 戊寅	選出牡丹第一枝 勸君折取莫遲疑 世間若問相知處 萬事逢春正及時	仄仄仄平仄仄平 仄平仄仄仄平平 仄平仄仄平平仄 仄仄平平仄仄平	枝：支韻 疑：支韻 時：支韻	七絕仄起 合平仄 合韻腳		
27. 戊辰	君爾寬心且自由 門庭清吉家無憂 財寶自然終吉利 凡事無傷不用求	平仄平平仄仄平 平平平仄平平平 平仄仄平平仄仄 平仄平平仄仄平	由：尤韻 憂：尤韻 求：尤韻	七絕仄起 合平仄 合韻腳		
28. 戊午	於今莫作此當時 虎落平陽被犬欺 世間凡事何難定 千山萬水也遲疑	平平仄仄仄平平 仄仄平平仄仄平 仄平平仄平平仄 平平仄仄仄平平	時：支韻 欺：支韻 疑：支韻	七絕平起 合平仄 合韻腳		

籤序	籤詩內文	平仄分析	韻　腳	用韻類型	押韻法	備　註
29. 戊申	枯木可惜未逢春 如今返在暗中藏 寬心且守風霜退 還君依舊作乾坤	平仄仄仄仄平平 平平仄仄仄平平 平平仄仄平平仄 平平平仄仄平平	春：眞韻 藏：陽韻 坤：元韻	七絕仄起 第二、三句 合平仄		
30. 戊戌	漸漸看此月中和 過後須防未得高 改變顏色前途去 凡事必定見重勞	仄仄仄仄仄平平 仄仄平平仄仄平 仄仄仄仄平平仄 平仄仄仄仄仄平	和：歌韻 高：豪韻 勞：豪韻	七絕仄起 不合平仄 合韻腳	飛雁 入群格	
31. 己丑	綠柳蒼蒼正當時 任君此去作乾坤 花果結實無殘謝 福祿自有慶家門	仄仄平平仄平平 仄平仄仄仄平平 平仄仄仄平平仄 仄仄仄仄仄平平	時：支韻 坤：元韻 門：元韻	七絕仄起 第二句合 平仄	飛雁 入群格	
32. 己卯	龍虎相交在門前 此事必定兩相連 黃金忽然變成鐵 何用作福問神仙	平仄平平仄平平 仄仄仄仄仄平平 平平仄平仄平仄 平仄仄平仄平平	前：先韻 連：先韻 仙：先韻	七絕仄起		
33. 己巳	欲去長江水濶茫 行舟把定未遭風 戶內用心再作福 看看魚水得相逢	仄仄平平仄仄平 平平仄仄仄平平 仄仄仄平仄仄仄 仄仄平仄仄平平	茫：陽韻 風：東韻 逢：冬韻	七絕仄起 第一、二合 平仄		
34. 己未	危險高山行通盡 莫嫌此路有重重 苦見蘭桂漸漸發 長蛇反轉變成龍	平仄平平平平仄 仄平仄仄仄平平 仄仄平仄仄仄仄 平平仄仄仄平平	盡：軫韻 重：冬韻 龍：冬韻	七絕仄起 第二句合 平仄		
35. 己酉	此事何須用心機 前途變怪自然知 看看此去得和合 漸漸脫出見太平	仄仄平平仄平平 平平仄仄仄平平 仄仄仄仄仄平仄 仄仄仄仄仄仄平	機：微韻 知：支韻 平：庚韻	七絕仄起 第二句合 平仄		
36. 己亥	福如東海壽如山 君爾何須嘆苦難 命內自然逢大吉 祈保分明得平安	仄平平仄仄平平 平仄平平仄仄平 仄仄仄平平仄仄 平仄平平仄平平	山：刪韻 難：寒韻 安：寒韻	七絕平起 第一、二、 三句合平 仄	飛雁 入群格	

籤序	籤詩內文	平仄分析	韻　腳	用韻類型	押韻法	備　註
37.庚子	運逢得意身顯變 君爾身中皆有益 一向前途無難事 決意之中保清吉	仄平仄仄平仄仄 平仄平平平仄仄 仄仄平平平仄仄 仄仄平平仄平仄	變：霰韻 益：陌韻 吉：質韻	七絕平起第 2 句合平仄		
38.庚寅	名顯有意在中央 不須祈禱心自安 早晚看看日過後 即時得意在中間	平仄仄仄仄平平 仄平平仄平仄平 仄仄仄仄仄仄仄 平平仄仄仄平平	央：陽韻 安：寒韻 間：刪韻	七絕仄起	第三句一字通押仄聲	第三句以歌仔戲「七字調」形式
39.庚辰	意中若問神仙路 勸爾且退望高樓 寬心且待寬心坐 必然遇得貴人扶	仄平仄仄平平仄 仄仄仄仄仄平平 平平仄仄平平仄 仄平仄仄仄平平	路：遇韻 樓：尤韻 扶：虞韻	七絕平起首句不入韻，第 1.4 句合平仄		
40.庚午	平生富貴成祿位 君家門戶定光輝 此中必定無損失 夫妻百歲喜相隨	平平仄仄平仄仄 平平平仄仄平平 仄平仄仄平仄仄 平平仄仄仄平平	位：　韻 輝：微韻 隨：支韻	七絕平起第二句合仄起入韻的第二句	第四句合平起入韻的第四句	此 顯 示非一人之作
41.庚申	今行到手實難推 歌歌暢飲自徘徊 雞犬相聞消息近 婚姻夙世結成雙	平平仄仄仄平平 平平仄仄仄平平 平仄平平平仄仄 平平仄仄仄平平	推：灰韻 徊：灰韻 雙：江韻	第二句合仄起型式，第四句合平起	飛雁出群格	此 顯 示非一人之作
42.庚戌	一重江水一重山 誰知此去路又難 任他改求終不過 是非終久未得安	仄仄平仄仄平平 平平仄仄仄仄平 平平仄平平仄仄 仄平平仄仄仄平	山：刪韻 難：寒韻 安：寒韻	七絕仄起	飛雁入群格	
43.辛丑	一年作事急如飛 君爾寬心莫遲疑 貴人還在千里遠 音信月中漸漸知	仄平仄仄仄平平 平仄平平仄平平 仄平平仄平仄仄 平仄仄平仄仄平	飛：微韻 疑：支韻 知：支韻	七絕平起第一句合	飛雁入群格	
44.辛卯	客到前途多得利 君爾何故兩相疑 須是中間防進退 月出光輝得運時	仄仄平平平仄仄 平仄平仄仄平平 平仄平平平仄仄 仄仄平平仄仄平	利：　韻 疑：支韻 時：支韻	七絕仄起一、四句合	飛雁入群格	

籤序	籤詩內文	平仄分析	韻　腳	用韻類型	押韻法	備　註
45. 辛巳	花開今已結成果 富貴榮華終到老 君子小人相會合 萬事清吉莫煩惱	平平平仄仄平仄 仄仄平平平仄仄 平仄仄平平仄仄 仄仄平平仄仄仄	果：哿韻 老：皓韻 惱：皓韻	七絕平起若只論2.4.6字則合平仄	飛雁入群格	第4句不合
46. 辛未	功名得位與君顯 前途富貴喜安然 若遇一輪明月照 十五團圓光滿天	平平仄仄仄平仄 平平仄仄仄平平 仄仄仄平平仄仄 仄仄平平平仄平	顯：銑韻 然：先韻 天：先韻	七絕平起1.3.4 合平仄	飛雁入群格	
47. 辛酉	君爾何須問聖跡 自己心中皆有益 于今且看月中旬 兒事脫出化成吉	平仄平平仄仄仄 仄仄平平平仄仄 平平仄仄仄平平 平仄仄仄仄平仄	跡：陌韻 益：陌韻 吉：質韻	七絕仄起第二句合第一句平仄	飛雁出群格	句起韻第二句 三仄入第三句 第合不的二句
48. 辛亥	陽世做事未和同 雲遮月色正朦朧 心中意欲前途去 只恐前途運未通	平仄仄仄仄平平 平平仄仄仄平平 平平仄仄平平仄 仄仄平平仄仄平	同：東韻 朧：東韻 通：東韻	七絕仄起首句入韻2.3.4句合平仄		
49. 壬子	言語雖多不可從 風雲靜處未行龍 暗中終得明消息 君爾何須問重重	平仄平平仄仄平 平平仄仄仄平平 仄平平仄平平仄 平仄平平仄平平	從：冬韻 龍：冬韻 重：冬韻	七絕仄起依2.4.6字論有合平仄		
50. 壬寅	佛前發誓無異心 且看前途得好音 此物原來本是鐵 也是變化得成金	仄平仄仄平仄平 仄仄平平仄仄平 仄仄平平仄仄仄 仄仄仄仄仄平平	心：侵韻 音：侵韻 金：侵韻	七絕平起依2.4.6字論，2.4句合平仄		
51. 壬辰	東西南北不堪行 前途此事正可當 勸君把定莫煩惱 家門自有保康安	平平平仄仄平平 平平仄仄仄仄平 仄平仄仄仄平仄 平平仄仄仄平平	行：庚韻 當：陽韻 康：陽韻	七絕平起1.4 句合平仄	飛雁入群格	
52. 壬午	功名事業本由天 不須介念意懸懸 若問中間遲與速 風雲際會在眼前	平平仄仄仄平平 仄平仄仄仄平平 仄仄平平平仄仄 平平仄仄仄仄平	天：先韻 懸：先韻 前：先韻	七絕平起1.3 句合平仄		

籤序	籤詩內文	平仄分析	韻 腳	用韻類型	押韻法	備 註
53.壬申	看君來問心中事 積善之家慶有餘 運亨貴子雙雙至 指日喜氣溢門閭	仄平平仄平平仄 仄仄平平仄仄平 仄平仄仄平平仄 仄仄仄仄平仄平	事：韻 餘：魚韻 閭：魚韻	七絕平起	飛雁入群格	
54.壬戌	孤燈寂寞夜沈沈 萬事清吉萬事成 若逢陰中有善果 燒得好香達神明	平平仄仄仄平平 仄仄平平仄仄平 仄平平平仄仄仄 平仄仄平仄平平	沉：侵韻 成：庚韻 明：庚韻	七絕平起 第一句合平仄	飛雁入群格	
55.癸丑	須知進退總言虛 看看發暗未必全 珠玉深藏還未變 心中但得往徒然	平平仄仄仄平平 仄仄仄仄仄仄平 平仄平平平仄仄 平平仄仄仄平平	虛：魚韻 全：先韻 然：先韻	七絕平起 第1.4句合平仄	飛雁入群格	
56.癸卯	病中若得苦心勞 到底完全總未遭 去後不須回頭問 心中事務盡消磨	仄平仄仄仄平平 仄仄平平仄仄平 仄仄仄平平平仄 平平仄仄仄平平	勞：豪韻 遭：豪韻 磨：歌韻	七絕平起 2.4句合平仄	飛雁出群格	
57.癸巳	勸君把定心莫虛 前途清吉得運時 到底中間無大事 又遇神仙守安居	仄平仄仄平仄平 平平平仄仄仄平 仄仄平平平仄仄 仄仄平平仄平平	虛：魚韻 時：支韻 居：魚韻	七絕平起 第3句合仄起	第三句合平起	顯示非一人之作
58.癸未	蛇身意欲變成龍 只恐命內運未通 久病且回寬心坐 言語雖多不可從	平平仄仄仄平平 仄仄仄仄仄仄平 仄仄仄平平平仄 平仄平平仄仄平	龍：冬韻 通：東韻 從：冬韻	七絕平起		第二句通押「七字調」形式
59.癸酉	有心做福莫遲疑 求名清吉正當時 此事必能成會合 財寶自然喜相隨	仄平仄仄仄平平 平平平仄仄平平 仄仄平平平仄仄 平仄仄平仄平平	疑：支韻 時：支韻 隨：支韻	七絕平起 1.3句合		
60.癸亥	月出光輝本清吉 浮雲總是蔽陰色 戶內用心再作福 當官分理便有益	仄仄平平仄平仄 平平仄仄仄平仄 仄仄仄平仄仄仄 平平仄仄仄仄仄	吉：質韻 色：職韻 益：陌韻	七絕仄起		

附錄二

苗栗縣竹南鎮慈裕宮媽祖廟靈籤全套縮影

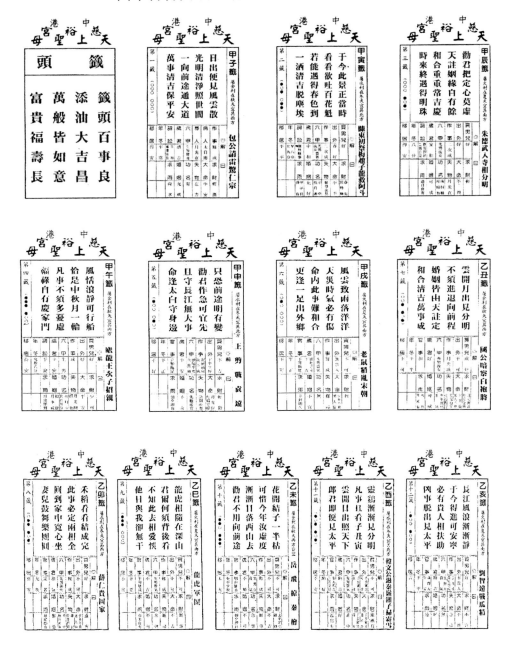

苗栗縣竹南鎮慈裕宮媽祖廟靈籤全套縮影

苗栗縣竹南鎮慈裕宮媽祖廟靈籤全套縮影

苗栗縣竹南鎮慈裕宮媽祖廟靈籤全套縮影

苗栗縣竹南鎮慈裕宮媽祖廟靈籤全套縮影

第四十九籤　天上聖母　中港慈裕宮（王子籤）

言語雖多不可從
鳳雲靜處未行龍
暗中終得明消息
君爾何須問重重

薛小妹答佛印

第五十籤　天上聖母　中港慈裕宮（王寅籤）

佛前發誓無異心
且看前途得好音
此物原來本足金
也能變化得成金

小兒路遇忠鬼

第五十一籤　天上聖母　中港慈裕宮（王辰籤）

東西南北不堪行
前途此事正可當
勸君把定莫煩惱
家門自有保安康

趙玄郎河東大戰龍虎鬪

第五十二籤　天上聖母　中港慈裕宮（王午籤）

功名事業本由天
不須掛念意懸懸
若問中間遲與速
風雲際會在眼前

薛仁貴回家遇丁山

第五十三籤　天上聖母　中港慈裕宮（王申籤）

看君來問心中事
積善之家慶有餘
運亨財子雙雙至
指日喜氣溢門閭

蘇秦夫妻相會

第五十四籤　天上聖母　中港慈裕宮（王戌籤）

孤燈寂寂夜沉沉
萬事清吉萬事成
若逢陰中有善果
燒得好香達神明

念川英求佛嫁良緣

第五十五籤　天上聖母　中港慈裕宮（癸丑籤）

須知進退總虛言
看看發暗未必全
珠玉深藏還未變
心中但得枉徒然

邵華常得酒遲佳期

第五十六籤　天上聖母　中港慈裕宮（癸卯籤）

病中若得苦心勞
到底完全總未遭
去後不須回頭問
心中事務盡消磨

楊濟得病在酉軒

第五十七籤　天上聖母　中港慈裕宮（癸巳籤）

勸君把定心莫虛
前途清吉喜安然
到底中間無大事
又遇神仙守安居

白螭精遇許漢文

第五十八籤　天上聖母　中港慈裕宮（癸未籤）

蛇身意欲變成龍
只恐命內運未通
且作痴心坐
言語雖多不可從

白螭精許士桂南洞遇許漢文

第五十九籤　天上聖母　中港慈裕宮（癸酉籤）

有心作福莫遲疑
求名清吉正當時
此事必定成會合
財寶自然喜相隨

董永皇都市仙女送孩兒

第六十籤　天上聖母　中港慈裕宮（癸亥籤）

月出光輝本清吉
浮雲總是蔽陰色
戶內用心再作福
當官分理便有益

薛潤陽死太子還魂聖駕

一般通用解籤本範例－1

第一籤 甲子 （〇〇〇〇〇〇）

天上聖母

甲子

日出便見風雲散
光明清淨照世間
一向前途通大道
萬事清吉保平安

項目	解	項目	解	項目	解	項目	解
討海	漸漸利路隨得	六甲	頭胎男二胎女	築室	清吉光明	作事	謀成就者大吉
作塭	大吉利	婚姻	可合	移居	大吉	功名	理斷分
魚苗	不提	家運	平安大進	墳墓	地穴大吉	官事	明
求財	先大進後小利	失物	等在東急還	出外	平安	家事	無是
		尋人	得回	行舟	有大財	求兒	大吉
月令	不避	六畜	好	凡事	安	治病	未日痊

【解說】只要太陽一出來，一切就會風消雲散。只要努力前進，正是：「條條大路通羅馬。」只要你做事問心無愧，神明自會保佑你萬事清吉平安！

抽到此籤，表示謀望難成，但是不可灰心，只要鍥而不捨，繼續追求，認真努力，自然有成功的一天。求財交易，利潤稀微，問功名，有志竟成。問婚姻，有情人終成眷屬。問訴訟，若豪重終獲平反，以和為貴。

某公務員因案被停職，至某處媽祖廟抽得此籤，一看「日出便見風雲散，光明清淨照世間」句，心裡便很感安慰，知道明鏡高懸，必得清白。果然，未久即獲法院平反，仍復原職。

又某生聯考落第，心甚彷徨，不知何去何從，有日至某廟抽得此籤，廟祝勸其再接再厲，翌年聯考，果然金榜題名。

一般通用解籤本範例－2

第二籤 甲寅 （〇〇〇〇〇〇）

天上聖母

甲寅

於今此景正當時
看看欲吐百花魁
若能遇得春色到
一洒清吉脫塵埃

項目	解	項目	解	項目	解	項目	解
討海	春有意	六甲	生男	築室	大吉	作事	春不美
作塭	可慢遲	婚姻	永偕心	移居	常遲吉	功名	中
魚苗	大利	家運	福社茂	墳墓	光前裕	官事	完局
求財	如是沙	失物	難尋在	出外	春夏好	家事	必得
		尋人	在者結	行舟	有大財	求兒	遠
月令	大吉利	六畜	興旺大好	凡事	春天到	治病	少平安

【解說】多天到了，春天還會遠嗎？你不要看到凋圓的景色多美，那百花正在含苞待放，只要那春光一到，立刻會有一番新氣象。正是：「春到碧桃枝上，花發滿城錦繡。」

鶯歌綠柳樓前，春生大地文章。

抽得此籤，表示目前正是艱困的時期，但如能突破，接著而來的，必是一番鴻圖大展。故謀事失敗，不要灰心，東山再起，必要成功。問功名，希望不大，好好充實自己，等待秋天再進。問婚姻，很有希望，好消息就到。問疾病，新春可癒。出外旅行，春天最好。遷移或變動職位，目前不宜。求財交易，眼光須放遠，不可只求近利。

中部某工廠因受他嚴倒閉影響，陷於週轉不靈，負責人焦慮至急。不知是否能渡過難關，為至天上聖母前問卜，抽得此籤。當時已屆隆冬，持籤來余處求解，乃勸慰他再熬苦苦奮鬥一段時間，過了年必可過關。果然，翌年春，因經濟復甦，景氣又熱，工廠生意興隆，乃安然渡過難關。正應了：「若能遇得春色到，一洒清吉脫塵埃。」

桃園慈護宮解籤本範例－1

丁酉

第二三籤

姜之牙送飯爲武吉拖卦

武吉挑柴誤傷人命，即時拿住來見文王，將武吉監禁。武吉思母無依，放聲大哭。孝慈則忠，散宜生上奏；「且放武吉歸家，再等秋後以正國法。」此時武吉再來見子牙，苦苦哀求。子牙一展絲綸手，掩蓋武吉本命星才得救。

欲去長江，張見一片汪洋，其水勢廣大。

欲去長江水闊茫
前途未遂運未通
如今絲綸常在手
只恐魚水不相逢

使人感到前途遙遠不知何去何從。

現在手拿著垂綸，痴痴的等待它。

只恐魚與水無緣，不會來相逢了。

（斷曰）

病如鳳灼
失物在寅
結婚終寡
求財反貧
暴永被困
訟難得伸
各事損失
皆是前因

解

六甲先男女高貴、求財輕
作事未日抽好、失物未日在
婚姻不可、大命未日過不畏
月令不遂、功名無
官事未日過完局、不完局拖尾
耕作平平、移居不可
種珠不安、買男兒不可
來人未日到

解說：想到長江垂釣，只見一片水勢很大的海洋。使人感到前途茫茫，不知何去何從？此籤描寫：「姜太公釣魚。」是舉一個懷才不遇之例說龍。目前還要等待時機，但游居有常者，尾景大吉。

桃園慈護宮解籤本範例－2

丁 亥

第二四籤

孟良焦贊救宗保

孟良焦贊與楊六郎是結義異姓的兄弟，時宗保隨父出征，在交鋒中給番女招親。後來宗保回見其父六郎請罪。六郎大怒喝令推出斬之。當場孟良焦贊，為國家大計討保而得活命。

仰首看月亮，祂的德澤及於四方，就知運氣來了。

月出光輝四海明

趁着這當兒，為前途肯用功者，祿爵將至。

前途祿位見太平

就像烏被一掃而空，出現了太平的世界。

浮雲掃退終無事

此去，貴人明現，可保你免了禍了，終得平安。

可保禍患不臨身

（斷曰）

貴人明現	解
旅客立回	六甲先女後男、求 財 有
財利將至	作事月先成好、失物月光在
音信已來	婚姻好結尾、大 命 不 畏
婚結和合 日	月令不遲、官事平安
病脫禍災	功 名 無 耕 作 好
所謀得意	移居淡淡、種珠不可
如花當開	買 男 兒 好、出 外 平 平
	來 人 月 光 到

解說：仰首看月光高照的天象，大概是運氣來了。無忘前途、肯用功者、祿爵將至。過去

坎坷，就像烏雲被風掃去一乾二淨，此去太平之日，可以不必再憂慮禍患臨身了。

附錄三：《靈應侯籤》與《天上聖母籤》詩文異同比較分析

相同處以畫底線作記

編號	籤序	天上聖母籤	編號	籤序	靈應侯籤
1.	甲子	日出便見風雲散 光明清淨照世間 一向前途通大道 萬事清吉保平安	1.	甲子	仙風吹下御爐香 天付榮華正未央 累代功勳開將相 畫詩千載荷龍光
2.	甲寅	于今此景正當時 看看欲吐百花魁 若能遇得春色到 一洒清吉脫塵埃	11.	甲寅	雪滿山中冷豔開 方知梅占百花魁 從今遇得春風到 一樹暗香暖氣回
3.	甲辰	勸君把定心莫虛 天註衣祿自有餘 和合重重常吉慶 時來終遇得明珠	21.	甲辰	勸君忍耐莫蜘躕 衣祿天生自有餘 和合重重常吉慶 時來終遇得明珠
4.	甲午	風怡浪靜可行舟 恰是中秋月一輪 凡事不須多憂慮 福祿自有慶家門	31.	甲午	風怡浪靜水無痕 恰遇中秋月一輪 凡事不須多憂慮 賢書報捷慶家門
5.	甲申	只恐前途命有變 勸君作急可宜先 且守長江無大事 命逢太白守身邊	41.	甲申	只恐風波時有變 勸君把舵最宜堅 長江靜守渾無事 如在蘆花淺水邊
6.	甲戌	風雲致雨落洋洋 天災時氣必有傷 命內此事難和合 更逢一足出外鄉	51.	甲戌	雲騰致雨勢洋洋 風捲洪濤恐有傷 此際故人難遇合 茫茫何處望他鄉
7.	乙丑	雲開月出正分明 不須進退問前程 婚姻皆由天註定 和合清吉萬事成	2.	乙丑	月出雲開照眼明 不須進退問前程 功名富貴由天定 和合婚姻萬事成

編號	籤序	天上聖母籤	編號	籤序	靈應侯籤
8.	乙卯	禾稻看看結成完 此事必定兩相全 回到家中寬心坐 妻兒鼓舞樂團圓	12.	乙卯	多稌多黍慶豐年 名利從今得兩全 一路春風歸故里 妻兒鼓腹樂團圓
9.	乙巳	龍虎相隨在深山 君爾何須背後看 不知此去相愛惺 他日與我却無干	22.	乙巳	龍吟虎嘯海波寒 氣勢休從背後看 此去不知前路杳 安心靜守却無干
10.	乙未	開花結子一半枯 可惜今年汝虛度 漸漸日落西山去 勸君不用向前途	32.	乙未	秋老西山草木枯 韶華一半已蹉跎 可憐白露西風裡 明月年年弔螻蛄
11.	乙酉	靈雞漸漸見分明 凡事且看子丑寅 雲開月出照天下 郎君即便見太平	42.	乙酉	夜來風景不分明 待旦宜過子丑寅 一朵紅雲迎旭日 祥光萬里見昇平
12.	乙亥	長江風浪漸漸靜 于今得進可安寧 必有貴人相扶助 凶事脫出見太平	52.	乙亥	長江波浪洗清寧 彼岸于今可漸登 更有貴人招眼看 災凶盡脫運亨通
13.	丙子	命中正逢羅字關 用盡心機總未休 作福問神難得過 恰是行舟上高灘	3.	丙子	命內愁逢羅索關 心機用盡總難安 求神作福恨無效 好似行舟上急灘
14	.丙寅	財中漸漸見分明 花開花謝結子成 寬心且看月中桂 郎君即便見太平	13.	丙寅	財帛宮中見福星 開花結子有收成 秋風更看月中桂 萬里秋光滿玉輪
15.	丙辰	八十原來是太公 看看晚景遇文王 目下緊事休相問 勸君且守待運通	23.	丙辰	八十原來老太公 看看老運倍亨通 目前冷落君休怨 牢把漁竿待晚風
16.	丙午	不須作福不須求 用盡心機總未休 陽世不知陰世事 官法如爐不自由	33.	丙午	不須作福不須求 枉費心機莫自由 陽世不知陰世事 恢恢天網肯甘休

編號	籤序	天上聖母籤	編號	籤序	靈應侯籤
17.	丙申	舊恨重重未改爲 家中禍患不臨身 須當謹防宜作福 龍蛇交會得和合	43.	丙申	舊恨重重尙未消 新愁種種更無聊 孤舟且傍江邊出 收拾帆檣待早潮
18.	丙戌	君問中間此言因 看看祿馬拱前程 求得貴人多得利 和合自有兩分明	53.	丙戌	默向山中隱性名 看看祿馬拱前程 經營貿易多如意 和合婚姻事事成
19.	丁丑	富貴由命天註定 心高必然誤君期 不然且回依舊路 雲開月出自分明	4.	丁丑	富貴由來天註定 心高氣傲恐難成 安知便得人喜歡 月出雲開始見明
20.	丁卯	前途功名未得意 只恐命內有交加 兩家必定防損失 勸君且退莫咨嗟	14.	丁卯	杳杳前週日已斜 可憐漂泊在天涯 荒林野渡行人少 愁聽蕭蕭噪暮鴉
21.	丁巳	十方佛法有靈通 大難禍患不相同 紅日當空常照耀 還有貴人到家堂	24.	丁巳	十方佛法顯靈通 禍患消除福澤臨 更有吉人相輔佐 一輪紅旭靄中庭
22.	丁未	太公八十家業成 月出光輝四海明 命內自然逢大吉 茅屋中間百事亨	34.	丁未	釣渭耕莘事業成 于今四海表聲名 古來師相多貧賤 茅屋中間百事興
23.	丁酉	欲去長江水濶茫 前途未遂運未通 如今絲倫常在手 只恐魚水不相逢	44.	丁酉	長江波浪渺茫中 可奈前途運未通 一卷絲倫常在手 豈愁魚水不相逢
24.	丁亥	月出光輝四海明 前途祿位見太平 浮雲掃退終無事 可保禍患不臨身	54.	丁亥	月出光輝四海明 前途祿位日豐盈 浮雲掃盡銀河迫 福壽綿綿禍不生
25.	戊子	總是前途莫心勞 求神問聖往是多 但看雞犬日過後 不須作福事如何	5.	戊子	總是君心思慾多 求神問卜待如何 且看雞犬相交日 借得西風上桂坡

編號	籤序	天上聖母籤	編號	籤序	靈應侯籤
26.	戊寅	選出牡丹第一枝 勸君折取莫遲疑 世間若問相知處 萬事逢春正及時	15.	戊寅	選出羅浮第一枝 勸君折取莫遲疑 從今春信重重至 萬卉爭妍正及時
27.	戊辰	君爾寬心且自由 門庭清吉家無憂 財寶自然終吉利 凡事無傷不用求	25.	戊辰	凡事寬心且自由 門庭瑞靄無可憂 吉人天相多歡喜 萬福自來不用求
28.	戊午	於今莫作此當時 虎落平陽被犬欺 世間凡事何難定 千山萬水也遲疑	35.	戊午	深山遠隔失憑依 虎落城圈被犬欺 猛獸害人還自害 不如黃犢老扶犁
29.	戊申	枯木可惜未逢春 如今返在暗中藏 寬心且守風霜退 還君依舊作乾坤	45.	戊申	古道西風落日斜 空林蕭索帶昏鴉 休嫌老朽終無用 枯木逢春也放花
30.	戊戌	漸漸看此月中和 過後須防未得高 改變顏色前途去 凡事必定見重勞	55.	戊戌	大才可惜產城濠 攀折須防未得高 倘使從新栽曠野 銅枝鐵幹漸堅牢
31.	己丑	綠柳蒼蒼正當時 任君此去作乾坤 花果結實無殘謝 福祿自有慶家門	6.	己丑	綠柳紅桃處處春 與君同得好光陰 開花結實無殘謝 且聽黃鸝報好音
32.	己卯	龍虎相交在門前 此事必定兩相連 黃金忽然變成鐵 何用作福問神仙	16.	己卯	雲龍風虎會門前 辰戌相沖不可連 雖有黃金變成鐵 何須作福問神仙
33.	己巳	欲去長江水闊茫 行舟把定未遭風 戶內用心再作福 看看魚水得相逢	26.	己巳	欲渡長江又遇風 行舟把定且從容 誠心作福求神助 兩字平安叩上穹
34.	己未	危險高山行通盡 莫嫌此路有重重 苦見蘭桂漸漸發 長蛇反轉變成龍	36.	己未	錦麟遊泳未從容 可惜生來淺水中 待得桃花春浪發 池魚也得變成龍

編號	籤序	天上聖母籤	編號	籤序	靈應侯籤
35.	己酉	此事何須用心機 前途變怪自然知 看看此去得和合 漸漸脫出見太平	46.	己酉	勸君莫枉用心機 前途茫茫未可知 此去能為勤努力 知音好遇待鍾期
36.	己亥	福如東海壽如山 君爾何須嘆苦難 命內自然逢大吉 祈保分明得平安	56.	己亥	銀台紫氣對函關 練得神仙九轉丹 求得此籤諸事吉 福如東海壽如山
37.	庚子	運逢得意身顯變 君爾身中皆有益 一向前途無難事 決意之中保清吉	7.	庚子	人逢順境不須誇 處世謙和益永嘉 欲向前途應顧後 箇中貞吉樂無涯
38.	庚寅	名顯有意在中央 不須祈禱心自安 早晚看看日過後 即時得意在中間	17.	庚寅	勸君修省莫偷閑 念慮無欺得自安 淨几焚香當夜坐 三更星月滿闌干
39.	庚辰	意中若問神仙路 勸爾日退望高樓 寬心且待寬心坐 必然遇得貴人扶	27.	庚辰	山中若問神仙路 尺咫藍喬不可逾 勸爾寬心勤禮拜 虛空自得吉神扶
40.	庚午	平生富貴成祿位 君家門戶定光輝 此中必定無損失 夫妻百歲喜相隨	37.	庚午	平生祿位本巍巍 事業勳名世世垂 桂子蘭孫歡繞砌 夫妻百歲喜相隨
41.	庚申	今行到手實難推 歌歌暢飲自徘徊 雞犬相聞消息近 婚姻夙世結成雙	47.	庚申	門庭喜色映春光 美女觀歌對玉郎 孔雀屏開消息近 婚姻夙世鳳合凰
42.	庚戌	一重江水一重山 誰知此去路又難 任他改求終不過 是非終久未得安	57.	庚戌	一重江水一重山 今日方知行路難 惆悵都君終不見 湘妃空有淚痕斑
43.	辛丑	一年作事急如飛 君爾寬心莫遲疑 貴人還在千里遠 音信月中漸漸知	8.	辛丑	年華展轉如飛鳥 蹤跡飄零似落花 濕透青衣生白髮 江洲司馬聽琵琶

編號	籤序	天上聖母籤	編號	籤序	靈應侯籤
44.	辛卯	客到前途多得利 君爾何故兩相疑 須是中間防進退 月出光輝得運時	18.	辛卯	前日盟心誓不欺 君今何故兩相疑 好將攜手同歸去 恩愛淵深重結離
45.	辛巳	花開今已結成果 富貴榮華終到老 君子小人相會合 萬事清吉莫煩惱	28.	辛巳	花開結果風光好 富貴榮華應到老 勸君培植善因緣 萬事平安少煩惱
46.	辛未	功名得位與君顯 前途富貴喜安然 若遇一輪明月照 十五團圓光滿天	38.	辛未	汝是聰明迴出羣 文章事業振風雲 檜堂更喜森藍玉 薜鳳荀龍姓字芬
47.	辛酉	君爾何須問聖跡 自己心中皆有益 于今且看月中旬 凶事脫出化成吉	48.	辛酉	勸君切莫苦營求 到底窮通自有由 試看力勞時汲汲 何如心逸日休休
48.	辛亥	陽世做事未和同 雲遮月色正朦朧 心中意欲前途去 只恐前途運未通	58.	辛亥	前面漁郎似夢中 沿溪蹤跡已朦朧 從今欲覓桃源洞 只恐雲遮路不通
49.	壬子	言語雖多不可從 風雲靜處未行龍 暗中終得明消息 君爾何須問重重	9.	壬子	仙境原來不易逢 風雲靜處未行龍 暗中終得明消息 隔卻蓬萊只一重
50.	壬寅	佛前發誓無異心 且看前途得好音 此物原來本是鐵 也能變化得成金	19.	壬寅	焚香發誓訂同心 且看前途得好音 兩下真情堅似鐵 也能變化作黃金
51.	壬辰	東西南北不堪行 前途此事正可當 勸君把定莫煩惱 家門自有保康安	29.	壬辰	南北東西路渺茫 前途跋涉苦難當 勸君把定休煩惱 自有佳音報吉昌
52.	壬午	功名事業本由天 不須介念意懸懸 若問中間遲與速 風雲際會在眼前	39.	壬午	功名富貴本由天 勤學還須積德先 若問中間休咎事 姓名端合表凌烟

編號	籤序	天上聖母籤	編號	籤序	靈應侯籤
53.	壬申	看君來問心中事 積善之家慶有餘 運亨貴子雙雙至 指日喜氣溢門閭	49.	壬申	芸香維述事書詩 積善應知慶有餘 際會風雲從此始 祥光指日耀門閭
54.	壬戌	孤燈寂寂夜沈沈 萬事清吉萬事成 若逢陰中有善果 燒得好香達神明	59.	壬戌	孤燈寂寂夜沈沈 萬事勞心夢不成 陰騭廣行祈善果 心香一柱達神明
55.	癸丑	須知進退總言虛 看看事勢未必全 珠玉深藏還未變 心中但得往徒然	10.	癸丑	一文紙上只虛言 低貨原來不值錢 名利兩端無汝份 心中煩惱枉徒然
56.	癸卯	病中若得苦心勞 到底完全總未遭 去後不須回頭問 心中事務盡消磨	20.	癸卯	十年辛苦費功夫 今日彈冠向仕途 往事不須回首問 胸中憂悶盡消磨
57.	癸巳	勸君把定心莫虛 前途清吉得運時 到底中間無大事 又遇神仙守安居	30.	癸巳	昔年航海覓珍奇 滿載歸家婦子嬉 得處休休思再往 急流勇退總相宜
58.	癸未	蛇身意欲變成龍 只恐命內運未通 久病且回寬心坐 言語雖多不可從	40.	癸未	蛇身意欲變成龍 只恐風雲路不通 骨格難堪勝大任 弗如安養住由中
59.	癸酉	有心做福莫遲疑 求名清吉正當時 此事必能成會合 財寶自然喜相隨	60.	癸亥	有心做福莫遲疑 求名求利正及時 此去必能全會合 財源福澤自無涯
60.	癸亥	月出光輝本清吉 浮雲總是蔽陰色 戶內用心再作福 當官分理便有益	50.	癸酉	叢蘭野草雜山岡 蘭葉蕭疏草葉長 雪冷霜寒荒草盡 幽蘭空谷自生香

附錄四

四－1

宋 1

甲 子

第一籤

包文拯審 張世真

太陽出來了明明上天，祂的威德解散一切風雲邪氣。

光明正大的照臨下土，普救芸芸眾生。

日出便見風雲散

凡人無忘前途而努力，就是跋躓千里亦能通過大道無礙。

光明清淨照世間

這樣做神明自會庇佑你，事業順利家庭平安。

一向前途通大道

凡人願向正道做事殷勤，問心無愧。將來之景況，神明及上天自會保佑你的。

萬事清吉保平安

解說：只要太陽一出來，一切邪氣隨即煙消雲散。它的光明清靜無比，普照世間。

包拯・宋合肥人，仁宗時知開封府，執法不阿。相傳：包公乃是文曲星下凡，把仙女張世真，當作妖女。請五雷欲打她，雷神認出是玉帝之女，四鳳姑。反打包文拯，即刻白臉變黑面，幸而打開了額頭上的天眼，官事完局。

（斷曰）

風調雨順
金城湯池
財源鞏固
客路雍熙
應試如意
結婚齊眉
首籤既得
事事咸宜

解 曰

六甲先男後女、求 財 前 有
後 有 輕、作 事 難 成
失 物 在 東、婚 姻 成 好
官事先難後易、大命險不畏
耕 作 不 好、月 令 不 遂
功 名 無、移 居 不 可
種珠好尋人月光在
病人未日痊

四－2

乙　卯

15

第八籤

薛仁貴回家

看看田裡結成了稻穗，預知今年豐收可期。

禾稻看看結成完

耕作與收割是一個農夫的兩項工作。

此事必定兩相全

這麼好的收成改善了生活，讓你在家裡寬心坐。

回到家中寬心坐

妻子老婆孩兒，大家歡欣鼓舞得跳起來。

妻兒鼓舞樂團圓

解說：這首詩是一首上籤，表示有一分耕耘，終得一分收穫。沒昔日的流汗，那有今天的好收成。大致是先苦後甘之象，凡事任勞任怨，兼得外力來相助，就有安定的生活，一家歡欣鼓舞樂團圓。

薛仁貴承奉尉遲恭讓印，封為平遼大元帥。班師回朝加封平遼王，就想回家探望妻子柳氏。在山腳射惡怪誤傷嬰兒，到家聽柳金花說；仁貴始知其子，被自己所傷。王敖老祖掐指一算，曉得丁山有難，還有父子相逢之日，於是救去仙山學藝。

（斷曰）

音信立至		解	
遠出不成	六甲先男後女、求財下半年冬好		
求財得利	別時無、作事難成、失物月光在		
卜子添丁	大命老人險 　、少年不畏 ·		
福壽皆厚	月令破錢 　、下半年不畏 ·		
水陸咸亨	官事拖尾、耕作下半年好		
所謀別事	移居不可 　、種珠秋後好		
如山峙嶸	買男兒好 　、出外不可		

　　　　　日　　　婚姻好　、功名無 ·

四－3

丁巳

宋

第二一籤

朱壽昌辭官尋母

宋朝孝子朱壽昌七歲時，其生母劉氏被害而後出家。因此母子不相見達五十年之久。到了神宗時代，朱壽昌棄官尋母。蓋因，十方佛法有靈通。尋至同州時，終得如願以償。斯時其母已七十有餘。

守護在十方的佛法無邊，俱有神通之力。

十方佛法有靈通

凡人因禍福災殃迴不同，惟有作善自然得福。

大難禍患不相同

何況，上天的太陽祥光常照耀，普救眾生。

紅日當空常照耀

雖說，還有貴人扶持，但知命者不立于巖牆之下。

還有貴人到家堂

解說：十方佛法無邊，神通廣大。凡人因禍福災殃迴不同，惟有作善自然得福，若是愚頑必受災害。何況，上天的太陽普照無私，為善必有神佛扶持，而後還會有「貴人」來相助，但知命者，不立于巖牆之下。

（斷曰）

遠行有損
不宜求財
訟爭無益　　解
物失難回
病者最險
貴人自來　　曰
諸事欲作
須逢禍胎
來人立即到

六甲先男兒、求　財　輕
春夏無秋冬有、作事上半年好
失物即尋在、婚姻難成
大命春夏險秋冬好
月令平平、官事反覆
功　名　無、耕作晚好
移　居　好、種珠不可
買男兒好、出外平平

四－4

港　中
母宮裕　慈
　聖上天

甲子籤　屬金利在秋天宜其西方

第
一
籤

（○○○
○○○）

日出便見風雲散
光明清淨照世間
一向前途通大道
萬事清吉保平安

◎解曰

包公讀霹靂仁宗

移居	年冬	詞訟	歲君	六甲	尊人	病人	作事
得安	平常	平和事在握	清吉	生男難養	月光在失	未日癒大	難成求財輕微
求雨尚求		求雨尚求	婚姻允成	功名有	物左方	命平安	

四－5

第一籤 甲子（○○○○○○）

天上聖母 甲子

日出便見風雲散
光明清淨照世間
一向前途通大道
萬事清吉保平安

討海利　六甲頭胎男二胎女　藥室　作事
魚苗平　家運平安大吉　求財　失物
耕作　尋人得　填墓　出外平安
月令不逆　經商如意　遠信速至　行舟有大財
六畜好　凡事安　治病　求兒大吉
官事

【解說】只要太陽一出來，一切就會風消霧散，只要光明一普照，世間便見清淨太平。前途是光明正大，只要努力前進，正是：「隙條大路通還焉。」只要你做事便見心無愧。神明自會保佑你萬事清吉平安！

抽到此簽，表示謀策難成，但是不可灰心，只要鍥而不捨，繼續追求，認真努力，自然有成功的一天。求財妥易，利潤輕微。問功名，有志竟成。問婚姻，有惜人移成眷屬。問訴訟，若讓東移養平反，以粗為貴。某公務員因案被停職，如係民事，以粗為貴。某邊媽祖廟抽得此簽，一屬「日出便見風雲散，光明清淨照世間」句，心裡便俱感安慰，知道明鏡高懸，必得清白。果然，未久卽獲法院平反，仍復原職。

又某生聯考落榜，心甚彷徨，不知何去何從，右日至某廟抽得此簽，廟祝勸其再接再勵，翌年聯考，果然金榜題名。

第二籤 甲寅

天上聖母 甲寅

於今此景正當時
看看欲吐百花魁
若能遇得春色到
一洒清吉脫塵埃

討海春有參　六甲生男　築室大吉　作事春成美
魚苗大利　家運永倍優　婚姻似優　移居
求財如泉湧　失物　填墓　官事
耕作　尋人南方　行舟有大財　家事
月令不長　六畜興旺　凡事老不安　治病少平安
遠信春天到　求兒

【解說】多天到了，春天會遠嗎？你不看看週圍的景色多美，那百花正在含苞待放，鶯歌綠柳樓前，養生大地文章。只要那春光一到，立刻會有一番新氣象。正是：「春到碧桃枝上，花發滿城錦繡。」

抽得此簽，表示目前正是艱困的時期，但如能突破，提着而來的，必是一番鴻圖大展，故謀事失敗，莫要灰心，東山再起，必要成功。問功名，希望不大，好好充實自己，等得秋天再進。問婚姻，很有希望，好消息就到。問疾病，新春可癒。出外旅行，春天最好。遷移或變動職位，目前不宜。求財妥易，眼光須放遠，不可只求近利。中部某工廠因受他廠倒閉影響，陷於週轉不靈，負責人焦慮至念，持簽來杂處求解，為勸慰他再接苦鬥門一段時間，過了年必可過關。果然，翌年春，因經濟復甦，景氣又熱，工廠生意興隆，乃安然渡過難關。正應了：「若能遇得春色到，一洒清吉脫塵埃。」